LA
GENERACIÓN DE
RESURRECCIÓN

L. Emerson Ferrell

Voice of The Light Ministries

LA GENERACIÓN DE RESURRECCIÓN

© L. Emerson Ferrell
1ra Edición Español, 2021

Todas las referencias bíblicas has sido extraídas de la traducción Reina Valera, revisión 1960 y en algunos casos traducidas de la Biblia amplificada. Tambien usamos la Biblia Textual.

Categoría: Reforma
Publicado por: Ministerio Voz de la Luz / E.E.U.U.
Diseño/Portada: Ana Méndez Ferrell
Diagramación :   Andrea Jaramillo

Impreso en Estados Unidos de América y Colombia

www.vozdelaluz.com

Ministerio Voz de la Luz - P. O. Box 3418 Ponte Vedra Florida, 32004 / E.E.U.U.

ISBN: 978-1-944681-46-3

LA
GENERACIÓN DE
RESURRECCIÓN

L. Emerson Ferrell

CONTENIDO

INTRODUCCIÓN

No hay nada que vayas a leer en este libro que no sepas ya. Esto podría sonar a la peor manera de introducir este libro a un lector, pero siga leyendo. Sólo porque sepas algo no significa que creas en ese algo. Si has decidido leer este libro es porque sabes que hay algo mas grande y maravilloso que hasta ahora ha sido difícil de encontrar.

La Generación de la Resurrección describe a aquellos que se han convertido en lo que conocen, y como resultado han renacido fuera de esta dimensión controlada por el temor a la muerte.

Independientemente de tu condición física, religión, educación, raza y creencias, estas conectado espiritualmente con Dios. Tan sólo eso te convierte en el ser más poderoso sobre el planeta. Pero tal vez no te sientas así, e incluso, tal vez nunca te hayas sentido más atemorizado.

Este libro fue escrito para ti, porque si logra algo, y se que lo hará, es que te proveerá las llaves necesarias que hasta ahora han estado ocultas a plena vista. ¿A que me refiero con esto?

Jesús dijo que el Reino de Dios es la misión más importante en nuestra vida, y que es imposible hallarlo con nuestros sentidos naturales. Todos deseamos obedecer Su Palabra pero ¿como hallar lo que no se puede ver? Me imagino que muchos se han hecho o se están haciendo esta pregunta, y aun muchos más la harán, especialmente ahora durante estos tiempos extraordinarios que estamos viviendo.

Este libro te demostrará gráficamente lo que impide que tu verdadero ser experimente el Reino de Dios ahora. Aprenderás que tu origen y lugar de nacimiento son dimensionalmente distintos, lo que ha contribuido a que no creas lo que ya sabes.

Además, dejarás de buscar de inmediato tu provisión espiritual en la dimensión física. ¿Por qué? Porque Descubrirás que nada de esta dimensión se puede comparar con las riquezas depositadas en ti desde antes de la fundación del mundo.

Hay un término en la Física Cuántica denominado "colapso de la función de onda", que se utiliza para describir la energía que se convierte en materia.

Esto deja boquiabiertos a los científicos porque no pueden controlar ni predecir el resultado de los acontecimientos que ocurren en ese mundo.

Imagínate por un momento las ondas emitidas al lanzar una roca en el agua. La roca es el Espíritu Santo, y Sus ondas son el amor, que al reconocerlo transformará tu mundo físico por completo. Todo lo material se origina en el amor de Dios y es la razón por la cual la ciencia y las formulas son incapaces de controlar o predecir las dimensiones espirituales de Dios.

La resurrección fue el acontecimiento de mayor importancia, tanto en el plano visible como el invisible, porque abrió la puerta a un ámbito aun mayor que el cuántico. Fue Cristo quién colapso todas las dimensiones en sí mismo.

Esto describe el lugar del que hablo Jesús cuando dijo que *nada es imposible, si tan solo puedes creer*. Si estas dispuesto a entrar en Su dimensión espiritual, nada te será imposible. Además, aprenderás a experimentar las profundidades de ese ámbito invisible cada vez que respires Su misericordia y exhales Su gracia.

Por lo tanto, si has resucitado en Él, y debes saber que lo estás, todo lo que necesitas ya se encuentra dentro de ti. En otras palabras, eres lo que has estado buscando para encontrar.

Te dije que este libro no te diría nada que no supieras, pero al no haberlo creído terminaste creando un mundo de escasez, dolor, sufrimiento, duda e incredulidad. La buena noticia es que Cristo te llama, como hizo a Lázaro, a salir de tu tumba de incredulidad y duda para resucitar en la plenitud de la luz del 1er día. Los tesoros del universo no se comparan en lo más mínimo al conocimiento de Su resurrección.

La iglesia lleva demasiado tiempo al pie de la cruz. El poder del cristianismo empieza en la tumba y nunca se acaba, a lo cual nos referimos como la eternidad. Tu puedes descubrir la gloria y la resurrección de Dios, ahora, en el presente. Lo eterno esta en el momento presente porque es intemporal.

Aun antes de la fundación del mundo, ya lo sabías, mas ahora debes convertirte en lo que ya sabes.

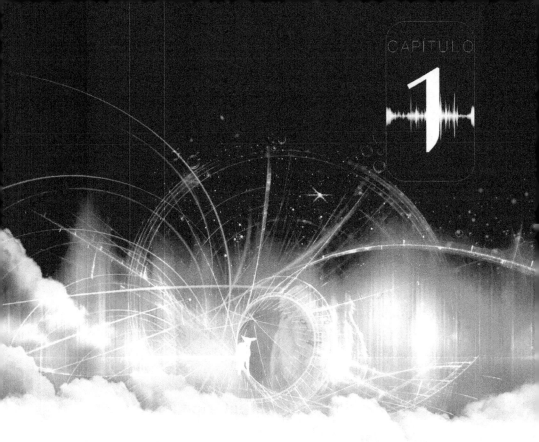

EL ENTRELAZAMIENTO ESPIRITUAL
ES LA CIENCIA DE LA VIDA

La revelación más importante a lo largo de este libro es que somos un espíritu con un mayor conocimiento de lo desconocido de lo que actualmente entendemos. Sin embargo, hasta no aplicar lo que se lee, nada cambiará.

El primer paso para esta realización empieza a través de una concientización del momento presente. Una vez que observamos la atención que le prestamos a los programas subconscientes, que suenan como una canción de cuna en nuestra mente, mas rápido volveremos a nuestro origen. Todos llegamos a este mundo con la conciencia pecaminosa de Adán, llenos de temor e incredulidad.

No escribo esto desde un punto de visita filosófico, sino desde viajes extensos fuera del tiempo y del espacio en la Presencia de Cristo. Mis experiencias iniciaron al observar mis pensamientos y reacciones a mi percepción de mi entorno. Esto fue extraño al inicio porque desafiaba toda mi programación religiosa e ideas preconcebidas. Pero con el tiempo, una nueva luz se comenzó a manifestar.

La luz estaba dentro de mi interior y cambiaba la manera en que el mundo se veía por fuera. Posteriormente aprendí por el Espíritu que era *La Luz* del primer día del Génesis. Además, la frase "Todo es posible para aquellos que puedan creer" comenzó a resonar cada vez más fuerte dentro de esa luz.

Este libro es un vistazo a una pequeña parte de lo que somos en Cristo antes de nacer en este mundo. Todo lo que puedas llegar a necesitar o desear en este planeta se empalidece al conocer tu origen.

En otras palabras, gracias a Su resurrección somos lo que hemos estado buscando. Pero para entenderlo requiere el desaprender algunas cosas y observar el resto.

Empecemos.

Primeramente, no hay duda alguna que fuimos

físicamente creados de los elementos de este planeta y dimensión física, sin embargo, esto no conforma tu identidad. Los bloques fundamentales de todo material son pequeños trozos de energía clasificados como átomos. Estas piedras angulares invisibles del mundo físico son mas espíritu que materia. ¿Por qué? Porque están compuestos por un 99.99999% de energía y menos de 0.1% de materia física.

Así es, la ciencia valida que somos mucho más espíritu que materia, aunque utiliza la palabra energía.

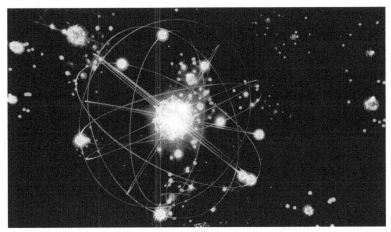

Fig. 1 - El Átomo

Nuestro espíritu entra y sale de la dimensión invisible unas ocho veces por segundo. ¿Que significa esto? Que somos más una onda que una partícula, para usar la terminología de la física, o sea que nuestra fuente de vida es el espíritu. Por lo tanto, nuestro espíritu se une con el autor de toda la vida alrededor de 691,200 veces al día. Pasamos en Él tanto o más tiempo que en la dimensión material.

Tan sólo ese conocimiento debería eliminar todo tu temor al mundo físico. La razón por la cual no estamos conscientes de ello es porque la mayor parte de nuestra atención se centra en el 0.1% de materia, la cual nos mantiene inconscientes del momento presente.

El momento presente es eterno, intemporal, y es el poder que sostiene nuestra vida. Hasta no estar consientes del momento presente, jamás entenderemos quienes realmente somos y porqué Dios nos ha colocado en este cuerpo.

La luz es el hilo común en todas las dimensiones dado que todo tiene su origen en la luz del primer día, cuando Dios dijo: "Sea la Luz" (Génesis 1:3) Por lo tanto, una comprensión más profunda de la luz es necesaria en nuestro estudio y es por lo que utilizamos la Física para ilustrar el paralelismo espiritual.

A. NEWTON Y EL REDUCCIONISMO

La ciencia y la medicina son el producto del filosofo Griego Demócrito que acuño por primera vez el termino átomo, el cual significa no cortable. El enseño que todo lo material esta construido por átomos y que el mundo es mecánico o una maquina. Por lo tanto, si un cuerpo esta enfermo, hay que reducirlo a su parte mas pequeña para localizar el problema.

Fig. 2 - Ondas Convirtiéndose en Partículas o la Teoría de las Ondas Colapsadas

El estudio clásico de la Física comenzó con la observación de la tierra y sus leyes del movimiento, en especial la gravedad. Uno de los físicos mas reconocidos fue Isaac Newton, cuya observación de la gravedad y el movimiento le ayudó a inventar el cálculo, para predecir el movimiento de los planetas. Una vez que conocía la distancia entre los objetos, tal y como una manzana que cae de un árbol, podría calcular el tiempo que tardaría en caer al suelo.

Por lo tanto, la física clásica nos introdujo a las matemáticas y las computadoras para navegar con seguridad y precisión por la tercera dimensión, o sea el mundo material, donde la velocidad de la luz es el denominador común. Dios creó el plano físico dentro de la cuarta dimensión, a la cual se le conoce como el tiempo.

Piense en la física clásica como la ciencia de lo predecible. La Humanidad utilizó las matemáticas para crear ecuaciones fiables y calculables que resolvieran los problemas de la electricidad, la comunicación, la comodidad y la economía, el viajar sólo para nombrar algunos.

Isaac Newton fue un discípulo de Demócrito y es conocido por sus leyes clásicas de la física. Sus formulas matemáticas aportaron la solución para construir y reparar objetos físicos, y entre ellos al hombre.

Newton fue un teólogo e innegablemente un científico brillante, aunque siempre solía separar la ciencia de la religión. Cuando uso la palabra religión, me refiero al sistema organizado de culto que la sociedad considera aceptable incluyendo el Cristianismo.

Newton estudió la Biblia más que ningún otro libro, pero siempre solía separar lo físico de lo espiritual al hablar de la ciencia, porque que el sistema de este mundo sólo cree lo que sus sentidos pueden detectar.

La ciencia y la medicina se adhieren a la teoría del reduccionismo, lo cual es la creencia del que "el todo es la suma de sus partes". Por lo tanto, si se quiere entender o reparar una máquina hay que reducirla a sus elementos más pequeños.

El Reduccionismo es la base para la medicina, dado que ve el cuerpo humano como una máquina. Según esa creencia, la mejor manera de reparar un cuerpo es removiendo los órganos que se cree están enfermos.

A los alumnos de la ciencia y la medicina se les enseña a tratar a los seres humanos como máquinas que funcionan independientemente de Dios o del Espíritu. Según la ciencia, el mundo material y la naturaleza son los factores más relevantes al diagnosticar una enfermedad. **De hecho, la misión de la ciencia moderna es aumentar el conocimiento para así dominar la naturaleza.**

Todo en la dimensión física fue creado y orquestado por Dios desde antes de la fundación del mundo. Sin embargo, la ciencia no cree en lo que no puede ver o medir cuantitativamente. Por lo tanto, descubren lo que Dios creó y proclaman que el hallazgo es más relevante que El que lo creó mucho antes que ellos fueran carne y sangre.

El sistema de este mundo promueve la división porque permite la auto exaltación y la notoriedad, los cuales provienen de satanás, el padre de la división. Ahora, podrás entender porque el mundo esta tan dividido. Esto es lo que produjo el fruto que el hombre comió en el huerto. También es lo que todas las ramas de la ciencia promueven.

A medida que la tecnología y los equipos han avanzado, también el deseo de explorar por debajo de la estructura atómica. Este ámbito subatómico desconcertó a la ciencia dado que no reaccionaba ni se comportaba según las leyes convencionales que producían resultados fiables en la tercera dimensión. La sorprendente observación en a la dimensión subatómica sigue siendo investigada hoy en día, produciendo más preguntas que respuestas.

En la actualidad, la Mecánica Cuántica, nos ofrece el mejor lenguaje para unir lo visible con lo invisible. El mundo espiritual es "incognoscible" o sea, no se puede entender desde una mentalidad producida en esta dimensión o en el sistema de este mundo. Sin embargo, somos muy bendecidos de existir en este momento. ¿Por qué? Porqué Dios esta utilizando esta década para detener las rutinas de las personas para que puedan descubrir en quién confían.

La religión suele utilizar palabras como bueno y malo o correcto e incorrecto. Podrán recordar que el fruto elegido por Adán fue del árbol del conocimiento llamado "el bien y el mal," o sea la dualidad. El numero 2 es el digito primordial del sistema de este mundo, porque representa la dualidad. La sabiduría de este mundo esta confinada a ese conocimiento, y es la razón por la cual la gente no logra comprender la dimensión espiritual sin un verdadero nuevo nacimiento.

B. LA FÍSICA DE LAS INCÓGNITAS CUÁNTICAS

La Física Cuántica se define como el estudio de las unidades mas pequeñas de la luz y la energía. A principios del Siglo XX, físicos de renombre como Einstein, Planck y Bohr construyeron instrumentos con la tecnología de la física clásica para estudiar la luz. Estos brillantes científicos esperaban que la energía se comportara como las manzanas que caen de un árbol. En otras palabras, esperaban que las mismas fuerzas de la gravedad, el movimiento y la masa reprodujeran los mismos resultados predecibles.

Sin embargo, pronto descubrieron que lo subatómico respondía a sus observaciones conscientes. Es decir, cuando buscaban un electrón o fotón[1], este aparecía, pero una vez que dejaban de buscarlo, desaparecía.

---

1 Partícula mínima de energía luminosa o de otra energía electromagnética que se produce, se transmite y se absorbe."la luz es energía que se transmite por medio de fotones en forma de onda electromagnética"

Creo que ese descubrimiento dice mucho en lo que concierne a la concientización de esta dimensión.

El estilo de vida inconsciente del hombre es justo la razón por la cual el cree que la vida es aleatoria. Pero en realidad el Reino de Dios está organizando un encuentro divino para cada ser humano del planeta. En otras palabras, lo que el hombre llama "caos" es impredecible para él, pero para Dios es algo divino ya que de ahí surgirá tanto el "maná de los sabios" como "la oscuridad para los muertos"

Sin embargo, el hombre sólo es capaz de construir y producir instrumentos a partir de las matemáticas de la dualidad. Por ejemplo, el sistema operativo de las computadoras está construido en base al cero y al uno lo cual es dualidad. Esto limita el alcance de la humanidad en lo que respecta a la comprensión de las dimensiones de cada una de las creaciones de Dios. ¿Por qué? Porque para conocer la mente de Dios se necesitan instrumentos de la dimensión espiritual. El reino cuántico nos revela que el hombre no dispone de tal instrumentación. Este material le ayudará a separar su fe y confianza de la ciencia como su fuente de la "verdad".

La sabiduría de este mundo es el resultado de la causa y el efecto, lo correcto y lo incorrecto, lo bueno y lo malo o la dualidad. El fundamento del mundo del hombre es el resultado de elegir comer del conocimiento del bien y del mal.

Por lo tanto, la sabiduría de este mundo es incapaz de descubrir los caminos de Dios. Si la ciencia tuviese las llaves del conocimiento, ya no habría más misterios en el universo. Debes comprender este principio si quieres explorar las dimensiones espirituales.

Hay un experimento muy conocido en la física cuántica llamado "La Doble Ranura", que demuestra que el nivel subatómico no se comporta de igual manera como en el mundo de la causa y el efecto. Los físicos descubrieron que los fotones, los cuales son pequeños fragmentos de luz, son impredecibles cuando no están siendo observados.

Físicos como Einstein y Plank pronto se dieron cuenta que la energía está en todas partes, todo el tiempo, hasta que ella es observada. Imagínese por un momento, las ondas producidas por una piedra que golpea el agua. Las ondas son energía con un resultado material en potencia mientras que se observa. El colapso de la onda es la descripción de la energía al convertirse en una partícula.

Nuestros pensamientos interactúan con la luz, al igual que la gravedad lo hace con la masa en el modelo clásico de la física. La ciencia, para poder crear fórmulas matemáticas, deberá ser capaz de medir los objetos cuantitativamente. Sin embargo, a diferencia de la gravedad, los pensamientos no pueden ser medidos, por lo tanto, la energía que producen se convierte en materia, de ahí el término colapsar la onda.

En otras palabras, el mundo cuántico es un mar de resultados potenciales que aparecen como una onda de energía que se transforma en partículas o materia a través de la interacción con una mente subjetiva. El experimento de la doble rendija demuestra este fenómeno.

Experimento de La Doble Ranura

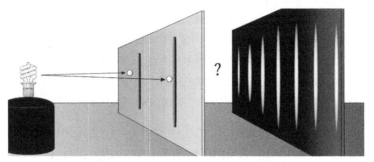

**La observación inconsciente produce un patrón
en que las ondas se interfieren unas con otras.**

Fig. 3 - La observación Inconsciente produce una interferencia
entre las ondas, lo que vemos en la pared del fondo son los
puntos en que se interceptan unas y otras.

La Observación consciente produce un patrón predecible.

Experimento de La Doble Ranura

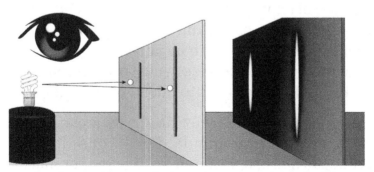

La observación consciente produce un patrón predecible.

Fig. 4 - Aquí dejamos de ver el patrón múltiple de interferencia.
Los Fotones se comportan como partículas sólidas

El mundo físico predecible funciona conforme a las leyes de la gravedad, la luz, la masa y el movimiento. La dimensión subatómica responde a leyes que el hombre no puede comprender ni predecir dado que ese mundo se asemeja a la dimensión espiritual de Dios. En otras palabras, el mundo cuántico reacciona a la conciencia del mismo modo que Dios lo hace con la fe. ¿Qué tiene que ver esto con nosotros?

En mi opinión, somos ondas del espíritu, el cual es el amor de Dios, alojadas en un cuerpo físico con una mente. ¿Es tu mente "espíritu" o es "materia"? Si tu respuesta es la segunda entonces tus sentidos determinarán tu realidad. Pero si tienes la mente de Cristo el reino espiritual será quien la determine.

Por lo general, solemos crear nuestro mundo según nuestra programación subconsciente y nuestras percepciones subjetivas. ¿Cómo?

Nuestros pensamientos y creencias interactúan con las ondas, que es todo lo que existe en potencia y las convierten en materia. Es como La fe, la cual no es lo contrario al temor como a muchos se les ha enseñado, sino una fuerza espiritual que manifiesta lo que creemos, ya sea positivo o negativo. Colapsamos las ondas invisibles de energía con nuestros pensamientos produciendo materia tanto buena como mala.

Somos los pensamientos de Cristo desde antes del origen de este mundo. Por lo que debemos reconectarnos con Su mente para entender nuestro propósito y destino original.

Una vez que renacemos por el agua y el espíritu, nuestra mente se reúne con Su mente. Este es nuestro origen y se refleja en esta imagen.

Fig. 5 - Nuestro Origen

La dimensión espiritual responde a los corazones y a las mentes de los hombres. Jesús lo dijo claramente:

Por tanto, os digo que todo lo que pidáis orando, creed que lo recibiréis, y os vendrá.

Marcos 11:24

Nuestro estudio del mundo cuántico revela que la ciencia confirma lo que Jesús dijo hace miles de años en Marcos 11: **Dios responde a la fe, lo cual requiere que la persona vea el resultado antes de que se manifieste en el plano físico.**

Sin embargo, en mi caso, me enseñaron a orar y esperar la manifestación física de mi petición. Esta manera de pensar es el resultado de creer que somos incompletos y que necesitamos algo del mundo externo para suplir nuestras necesidades. Ahora sé que eso no fue lo que enseñó Jesús.

Mi vida de oración y sus resultados cambiaron dramáticamente una vez que aprendí a unir mi corazón y mi mente con mi petición. Debemos alegrarnos inmediatamente después de pedirle algo a Dios porque eso es fe. La manifestación en el mundo físico ocurrirá si permanecemos firmes y no dudamos. El poder de la fe consiste en verlo y regocijarnos porque sabemos que nuestra oración ha sido respondida. El poder de la fe es "viéndolo y regocijándonos porque no está la oración ha sido contestada y si permanecemos firmes y sin duda la manifestación física ocurrirá.

C. ENTRELAZAMIENTO

Otro concepto que es importante entender es la "teoría del entrelazamiento ", la cual ilustra la autoridad de la dimensión espiritual sobre el mundo material.

El término Entrelazamiento Cuántico se define como la energía de los átomos, como los fotones o los electrones, que permanecen conectados incluso después de haber sido separados. Milagrosamente, cualquier cambio que se haga en uno afecta al otro simultáneamente.

Por ejemplo, supongamos que encontramos un par de dados cuya suma siempre resulta 9, sin importar cómo los lancemos. Si tiras un dado y sale un 6, sabrías al instante que el otro dado sería un 3, porque juntos siempre son igual a 9.

Imagínate que llevas a un amigo al Polo Norte con un dado, mientras que mantienes el otro en Sudamérica. Tu dado fue lanzado y dio un 5. Debido a la teoría del entrelazamiento podrías concluir que el dado en el Polo Norte sería un 4.

La ciencia está desconcertada porque nada en nuestro mundo físico se mueve a mayor velocidad que la luz. Todo en este planeta funciona según el modelo newtoniano de la física, y la teoría de la relatividad de Einstein, que utiliza la velocidad de la luz como una constante. Pero entonces ¿cómo es posible que el entrelazamiento funcione? ¿Existirá una velocidad más rápida que la luz?

La ciencia lo denomina cuántico o la concientización, pero esa es la razón la ciencia de lo físico nunca llegará a ser la respuesta para los verdaderos problemas de este planeta, los cuales son y siempre serán espirituales. Creo que la fe viaja más rápido que la luz en todas las dimensiones, incluyendo la nuestra, y ella es la razón por la que experimentamos milagros. Esto es de espíritu a espíritu y es la comunicación entre Dios y el hombre.

Estamos equipados para saberlo antes de verlo manifiesto en lo natural y ello es a lo que la Biblia le llama fe.

El Espíritu te enseñará a moverte a esa velocidad una vez que le dediques tiempo a estar consciente del momento presente. **La eternidad está en el ahora y es la comunicación del saber sin aprender.**

Los temores de la humanidad exigen que la ciencia proporcione seguridad y protección, aunque sean falsas. La física junto con los médicos crea la ilusión de seguridad y protección, pero la misma exige nuestra rendición total e incondicional a su autoridad. El resultado es nuestro cautiverio a su orgullo y arrogancia en contra la autoridad de Dios.

Quizás, el resultado más profundo del estudio del entrelazamiento es la realidad de que todos estamos conectados a través de nuestro Padre espiritual.

Después de todo, aunque nuestros padres humanos nos disciplinaban, los respetábamos. ¿No hemos de someternos, con mayor razón, al Padre de los espíritus, para que vivamos?

Hebreos 12:9 (NVI)

Dígnate, Señor, Dios de los espíritus de toda carne, nombrar un jefe sobre esta comunidad.

Números 27:16 (NVI)[2]

El Padre de los "espíritus" nos ha unido a Él desde antes de la "fundación del mundo". Y ahora estamos descubriendo la profundidad de esta verdad.

Entender nuestra condición es el primer paso para el cambio y es uno de los propósitos de este libro. El poder de lo que somos no se encuentra en la sabiduría de este mundo. De hecho, este mundo no tiene soluciones y utiliza el temor para ocultar su insuficiencia.

2 Traducción literal de la versión en inglés NIV (Nueva versión internacional)

La Luz pronunciada por Dios en el primer día es nuestro origen. No hay separación en el mundo de la energía y la luz, los cuales conforman los bloques de construcción de todo, incluyendo la dimensión material. Eso significa que somos uno con Dios hasta que nos separamos de Él al depender de la seguridad y protección de esta dimensión. Por lo que la ciencia nunca deberá ser la última palabra en ninguna de tus decisiones a este respecto.

¿Realmente ha asumido el Cristo resucitado el control de tus pensamientos y deseos o sigues confiando en la ciencia y los gobiernos de este mundo? Eso debes decidirlo radicalmente de una vez y por todas sin mirar atrás como lo hizo la mujer de Lot.

Estamos conectados espiritualmente con nuestro Padre Celestial, sin importar lo que te digan tus sentidos.

La realidad la hallas donde fuiste creado, y no donde naces.

2

LA LUZ DEL PRIMER DÍA

*Dijo Dios, **"Sea la luz."** Y fue la luz. Vio Dios que la luz era buena, y **separó la luz de las tinieblas.** Llamó a la luz día, y a las tinieblas llamó noche. Y fue la tarde y la mañana **del primer día.***

Genesis 1:3-5 NKJ

A. LA LUZ Y EL SONIDO SON UNO EN ÉL

Estás determinado en descubrir tu origen debido a que sabes que tu principio y tu fin fueron completados antes de que nacieras en el mundo. La razón por la que lo sabes es debido a que confías en El Verbo que se hizo carne y quien murió por nosotros. Su resurrección abrió el camino para que toda la humanidad volviera a su origen.

Este conocimiento se ha convertido en algo más que una filosofía o religión para ti y ha llegado el momento en que te posiciones en la realidad de Su victoria sobre la muerte. Somos la generación de la resurrección, lo que significa que todo temor se apartará de la misma manera que lo hicieron las tinieblas en el primer día.

Nuestro primer paso será el ultimo si la eternidad se vuelve nuestra acompañante y no nuestro destino.

En el Génesis, Dios declaró SEA LA LUZ, que en esencia es la única dimensión en la que la luz y el sonido viajan a la misma velocidad. Medita en ello por un momento. ¡Jesús quería que nuestros ojos y oídos fueran abiertos para que pudieran verlo y escucharlo sin demora alguna en el tiempo! ¡Sin separación! O sea ¡**Saber sin aprender!**

¿Has oído alguna vez un estampido sónico? Esto ocurre cuando un objeto, como una bala o un avión, se mueven más rápido que el sonido. Viviendo en la Florida, a menudo oímos el sonido de los truenos, que es un estampido sónico. Es el resultado de la agitación de moléculas por parte de un rayo que se expande más allá de la velocidad del sonido.

Los principios del sonido y la luz son muy importantes para los ingenieros que construyen máquinas en el mundo físico. Estamos limitados por leyes muy finitas que regulan las velocidades de la luz y el sonido en nuestro espacio tridimensional. Lo cual significa que cuando la energía se convierte en materia, su movimiento queda restringido por el tiempo y el espacio.

Por lo tanto, mientras sigamos dependiendo del mundo material para nuestros recursos y sustento, seguiremos limitados y regidos por estas leyes. La creencia de que somos materia es la razón por la que el miedo domina nuestros pensamientos. Por ello es muy importante aprender más y más sobre el reino del espiritual, el cual es nuestro origen y naturaleza.

Porque contigo está el manantial de la vida;
en tu luz veremos la luz.

Salmos 36:9

El verso en los Salmos nos habla de la visión que no requiere de la vista natural. David está hablando de la Luz que vino de Dios y que es Cristo en el primer día. Esa es la Luz que es tanto visual como audible.

Si no aprendemos nada más de este libro debe ser que nuestro espíritu no está limitado por las mismas leyes que rigen la carne y la sangre. ¿Por qué? Porque tu verdadero yo está "En Él" desde antes de la creación de esta dimensión, más allá de tus sentidos dentro de tu espíritu.

> *Toda buena dádiva y todo don perfecto desciende de lo alto, del Padre de las luces, en el cual no hay mudanza ni sombra de variación.*
>
> **Santiago 1:17**

El verso en Santiago describe la Luz de la resurrección, que es Cristo. David y Santiago hablan de la misma luz. Santiago la experimentó en el monte de la transfiguración, que era el ámbito fuera del tiempo y el espacio. Es importante releer este acontecimiento para entender cuan sorprendente fue.

> *Jesús también les dijo: Les aseguro que algunos de los que están aquí presentes no morirán hasta que vean el reino de Dios llegar con poder.*
>
> *Seis días después, Jesús se fue a un cerro alto llevándose solamente a Pedro, a Santiago y a Juan. Allí, delante de ellos, cambió la apariencia de Jesús.*
>
> *Su ropa se volvió brillante y más blanca de lo que nadie podría dejarla por mucho que la lavara.*
>
> *Y vieron a Elías y a Moisés, que estaban conversando con Jesús.*
>
> **Marcos 9:1-4 (DHH)**

Allí se transfiguró delante de ellos, y resplandeció su rostro como el sol, y sus vestidos se hicieron blancos como la luz.

Mateo 17:2

Santiago es uno de los que vieron una luz tan brillante que ni siquiera el blanqueador podría describir la "blancura" de su apariencia. Pero la realidad de lo que ocurrió en aquella montaña trasciende todas las leyes que rigen nuestro mundo porque ellos vieron y reconocieron a Moisés y a Elías.

Imagínense, ver, oír y reconocer visiblemente a dos hombres que llevaban siglos de estar muertos. ¿Cómo fue esto posible? La luz que inundaba a Jesús eliminó todas las leyes que rigen la tercera dimensión. Instantáneamente, todos estaban en la eternidad o fueron transportados a su origen desde antes de la fundación del mundo. En otras palabras, estos hombres salieron de las leyes del tiempo para entrar en el mundo de la eternidad que les permite acceder al saber sin haber aprendido, lo cual es el reino de Dios.

Además, Jesús dijo que algunos no probarían la muerte sino hasta que vieran Su Reino, e inmediatamente, se hallaron dentro de ese Reino invisible. Esto nos da un indicio que la muerte en esta dimensión se asemeja al sentido del gusto, ya que algunos no la probarían.

En otras palabras, el ver Su Reino adormece el sentido de la muerte, que es lo contrario a lo que le ocurrió a Adán cuando probó el fruto. Medita en esto por un momento. **Los sentidos son el enemigo del espíritu porque no son reales.** Entonces, ¿qué tan real es la muerte?

Además, creo que ellos experimentaron "*La Luz*" que Dios liberó en el primer día al decir "Sea la luz". Esa luz es mucho más que sólo iluminación, es la fuente de toda la vida, como también del Reino de Dios. Además, esta es la luz de la que se habla en los capítulos 21 y 22 del Apocalipsis.

El camino de vuelta a nuestro origen se muestra en los siguientes versículos:

> *Jesús ha dicho: Soy la luz quien está sobre todos, Soy el todo. Todo salió de mí, y todo vuelve a mí. Partid la madera, allí estoy. Levantad la piedra y allí me encontraréis.*

> **Tomas 77 (Apócrifo)**

> *Cristo es la imagen del Dios invisible, el primogénito de toda creación, porque en él fueron creadas todas las cosas, las que hay en los cielos y las que hay en la tierra, visibles e invisibles; sean tronos, sean dominios, sean principados, sean potestades; todo fue creado por medio de él y para él. Y él es antes que todas las cosas, y todas las cosas en él subsisten.*

> **Colosenses 1:15-17**

En él estaba la vida, y la vida era la luz de los hombres.

La luz [genuina, perfecta, y constante]³⁾ verdadera [que fue entonces] y que alumbra a todo hombre venía a este mundo.

En el mundo estaba, y el mundo fue hecho por medio de él; pero el mundo no lo conoció.

Juan 1:4, 9-10 AMP

Cristo, el día que resucitó, eliminó todo lo que pudiera impedirnos experimentar Su Luz y Su Reino. Por lo tanto, lo único que nos impide hoy en día entrar en esa dimensión es nuestra incredulidad. Sin embargo, cuando somos conscientes de lo eterno en el momento presente, veremos y oiremos esa luz de la misma manera, y nos moveremos y respiraremos dentro de ese mundo.

Cristo permaneció en la tierra durante 40 días después de Su resurrección, que es el mismo número de días que Dios utilizó para inundar la primera tierra. Las escrituras describen la gloria de Dios cubriendo la tierra, que en mi opinión, era la señal de Dios de que había restaurado el huerto de nuevo al hombre. El mismo ha permanecido aquí desde su resurrección, aunque oculto a aquellos cuyos ojos y oídos espirituales permanecen cerrados.

La Luz funciona de forma completamente distinta a la luz natural. Los objetos que vemos físicamente aparecen dentro del lóbulo occipital. Por ejemplo, ese árbol que ves a plena luz del día reaparece dentro

---

3 Contenido en corchetes tomado de la versión Amplificada en ingles.

de tu cabeza en total oscuridad. ¿Por qué es esto importante?

La luz es mucho más que tan sólo iluminación, es la frecuencia y la fuente de todo lo visible e invisible. Por lo tanto, un encuentro con el Cristo resucitado nos expone a una frecuencia que no sólo trae luz a las escrituras, sino que además cambia nuestra percepción de todo. La luz expone todos los temores que se esconden dentro del alma del hombre. La fuerza de la resurrección empodera el amor y acaba con el temor.

Creo que lees esto ahora porque Dios quiere que experimentes un amor más allá de las emociones que hasta ahora probablemente han dirigido tus pensamientos e imaginaciones.

Los versos que siguen a continuación expusieron mi alma a una dimensión mayor de Su amor como nunca, y todo comenzó a cambiar a partir de ese momento.

> *En esto Dios nos demostró su amor: en que envió a su único Hijo al mundo para que tuviéramos vida por medio de él.*
>
> **1 Juan 4:9 (PDT)**

> *...porque nos eligió por amor antes de la creación del mundo para que fuéramos su pueblo santo sin falta ante él. Por el amor que tiene.*
>
> **Efesios 1:4**

Estos versículos son pasajes fundamentales que indican nuestra ubicación y origen. Hay volúmenes que pueden entenderse a raíz de estos dos pasajes de la Escritura, pero podría decirse que lo más relevante, aparte de comenzar dentro de Cristo, es que el amor es la base de todo, tanto en lo espiritual como en lo físico.

El amor llega en la forma del Hijo de Dios y responde a todos los requisitos que El Padre pide para redimir a la humanidad. Pero ello es sólo el inicio de lo que Cristo hizo y continúa haciendo, dado que el amor es la autoridad espiritual que domina sobre todo lo visible o invisible.

El hecho que estés leyendo esto, demuestra que has experimentado la sustancia y la realidad de la luz que no produce sombras ni oscuridad. Ahora entiendes el significado de estar "En Él antes de la fundación del mundo".

La autoridad sobre todas las cosas radica dentro de todos los que confían en el Cristo resucitado. ¿Lo crees? En caso afirmativo, lo único que te queda es permanecer consciente de esta verdad.

Al observar tus pensamientos, el Espíritu cambia tus percepciones terrenales. Las cosas que te aterrorizaban se desvanecerán como la nieve en un día soleado. Además, ya no habrá un pasado porque el poder del "ahora" elimina el tiempo.

3

LA LUZ FUE O
LA LUZ ES

Acabamos de aprender que la iluminación espiritual no es lo mismo que la luz física. Hemos tratado muchas veces la frecuencia de la luz emitida por Dios en Génesis 1:3, a la que nos referimos como luz del primer día. Sin embargo, no se puede sobreestimar la importancia de esa luz en relación con nuestro origen.

Anteriormente leímos acerca de la experiencia de los discípulos con esa luz en el monte de la transfiguración. Todas las dimensiones, tanto visibles como invisibles, fueron creadas a partir de la Luz de Dios en el primer día.

Además, estamos perpetuamente presentes sin futuro ni pasado, por lo que nuestro espíritu parpadea dentro y fuera del mundo material 7 u 8 veces por segundo. En otras palabras, somos eternos porque estamos en Él antes de que hubiera una luz del cuarto día que gobernara la dimensión material. Es muy importante comprender esto, especialmente si deseas experimentar la genuina realidad.

Toda la luz funciona en el marco de la frecuencia y la información relativa a la calidad de la luz. ¿A que me refiero? Los discípulos fueron testigos de una luz que llevaba información histórica la reconocieron al instante. Esa fue la Luz del primer día.

La luz que utilizan nuestros sentidos para procesar la información no es la misma que la del primer día dado que viaja a través de la 3ª y 4ª dimensiones, lo que significa que ese tipo de luz entra físicamente en el tiempo miles de años más tarde.

Por ejemplo, la luz de la estrella más cercana, Alfa-Centauro, nos llega en 4 años, mientras que la luz del sol tarda sólo 8 minutos, pero esto no es exacto por la siguiente razón:

Nuestra luz solar se origina en el núcleo del Sol mediante diminutos "paquetes de luz" llamados fotones. Estos son creados por la fusión dentro del núcleo del Sol, empiezan como radiación gamma y son emitidos y absorbidos innumerables veces.

Lo que probablemente no sabías es que estos fotones fueron creados hace decenas de miles de años atrás y que tardaron todo ese tiempo en ser emitidos por el sol. La luz solar que vemos hoy en día tiene 170, 000 años y 8.5 minutos de antigüedad. La luz que utilizas para iluminar tu camino fue creada hace millones de años. **Recuerda, no vemos las cosas como son, las vemos como fueron.**

La física cuántica descubrió que los fotones no tienen edad y son intemporales, así como lo es la luz de la creación y de nuestra naturaleza. La luz de este mundo es histórica y produce sombras y también perpetúa el temor a la muerte.

> *Y esta es la condenación: que la luz vino al mundo, y los hombres amaron más las tinieblas que la luz, porque sus obras eran malas.*

> **Juan 3:19**

En el principio, Dios separó la luz de las tinieblas, pero nunca las eliminó. Por lo tanto, Jesús hablaba espiritualmente cuando describió como el mundo elige a las tinieblas en vez de a Él mismo como La Luz. ¿Por qué? Porque aprenderá conforme sigue leyendo que el hombre perdió la imagen de Dios después de haber pecado. La humanidad se convirtió en la sombra de Dios de la misma manera en que la ley se convirtió en una sombra de Jesús. Por lo tanto, se sintió a gusto viviendo en la oscuridad.

A. FRECUENCIAS Y COLOR

Un átomo puede tener cientos de electrones orbitando alrededor de su estructura, y como ya sabemos hay trillones de átomos que forman la materia. Recuerda que los átomos son fragmentos de energía que son más nada (espacios vacíos) que algo.

Sin embargo, ninguno de los trillones de electrones que orbitan a ocho mil millones de revoluciones por segundo alrededor de los átomos jamás se colisionan. Por lo tanto, lo que parece ser sólido son las ondas generadas por los electrones que pasan tan cerca unas de las otras.

Fig. 6 - Las ondas de electrones jamás chocan entre sí

En otras palabras, el suelo que piensas que es sólido no son más que ondas de energía estrechamente agrupadas para que tu cuerpo físico, que son electrones, pueda permanecer de pie sin atravesar la superficie.

Estas ondas de energía crean la ilusión que los objetos son sólidos, al igual que un ventilador en movimiento. Entre más corta sea la longitud de onda, más alta es la frecuencia, lo cual también es relevante con nuestros pensamientos y el color. Cuando sentimos amor, producimos pensamientos que parecen de color ultravioleta y que se mueven a una frecuencia mayor.

Los colores que aparecen infrarrojos en el espectro de la luz poseen una frecuencia más baja y longitudes de onda más extensas. Esta es la característica que poseen materiales como el acero, el hierro y los plásticos. Por lo general, los pensamientos de tristeza, de enojo, depresión y negativos también producen esta misma clase de longitudes de onda.

La luz del cuarto día contiene todos los colores y frecuencias, tales y como el arco iris, la aurora boreal y la naturaleza. Las longitudes de onda determinan los colores que ven nuestros ojos, como en el arco iris.

Las frecuencias y las longitudes de onda en nuestro mundo determinan la información que nuestra mente, nuestro cerebro y nuestro cuerpo utilizan para formar pensamientos y sentimientos. Además, nuestros sentimientos y emociones producen ondas y vibraciones que son campos electromagnéticos de energía.

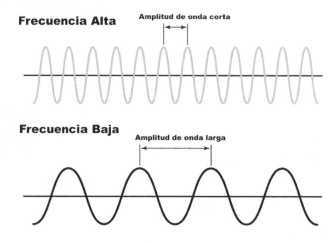

Fig. 7 – Frecuencia Alta y Frecuencia Baja

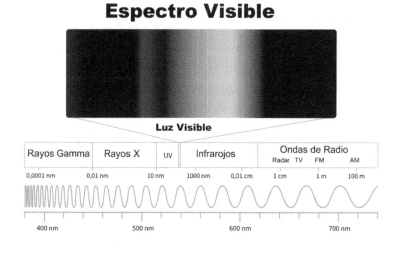

Fig. 8 – Espectro Visible

Antes de que Adán cayera no se mencionaban los colores porque la Luz de Dios o Su Gloria cubría al hombre, lo cual significaba que era más brillante que la luz creada en el cuarto día. Sin embargo, después de comer del fruto, su vibración o ancho de banda espiritual disminuyó dramáticamente. De hecho, si no hubiera sido por el pecado el hombre no hubiera visto el pacto de Dios con el hombre llamado el arco iris. Interesante, ¿verdad?

Por lo tanto, el resultado de su desobediencia cambió la frecuencia de la luz en esta dimensión, y nuestra capacidad de ver Su gloria aquí en la tierra. Cuanto más lejos estemos, dimensionalmente, de la fuente original de La Luz, más densos nos volvemos y más difícil se nos hace despertar a nuestra naturaleza y propósito originales.

Vivimos en la tierra de las sombras creadas por la incredulidad, el movimiento, la gravedad y creencias preprogramadas que influyen inconscientemente en nuestras percepciones. Respondemos subconscientemente a las imágenes creadas por la luz en esta dimensión aún sabiendo que están viciadas por las influencias del tiempo, el espacio y las sombras. Por ejemplo, la luz que vemos del sol y las estrellas es muy distinta a la de la lámpara que hay junto a nuestra cama. ¿Por qué es esto tan importante?

B. LA LUZ Y EL CEREBRO

El cerebro es un registro del pasado y es el responsable de las sustancias químicas equivalentes a los pensamientos que albergamos de nuestras ideas y creencias preconcebidas. Por ejemplo, cuando uno se siente deprimido, el hipotálamo del cerebro desencadena una serie de sustancias químicas como el cortisol, la serotonina y la dopamina que unen el cuerpo y la mente con la emoción.

Si crees que los pensamientos tienen algo que ver con tu condición física, entonces la forma en que te sientes dictará los pensamientos que entablas. Por lo tanto, así como nuestro cuerpo se vuelve adicto a las sustancias químicas producidas por nuestros pensamientos, con el paso del tiempo te será difícil pensar más allá de tus sentimientos.

La velocidad de la luz desde esta dimensión es la constante de las fórmulas matemáticas que la ciencia utiliza para construir computadoras y la tecnología que hace que nuestras vidas sean más cómodas y predecibles. La ciencia ha convencido al mundo que gracias a su tecnología y sus sofisticados computadores, ellos pueden proteger a la humanidad de lo desconocido.

Pero espera, ¿te has detenido a pensar que las tecnologías que utilizan para convencer a la humanidad a que confíe en sus predicciones son fabricadas dentro de las limitaciones de esta dimensión?

Los científicos hallan lo que buscan, porque construyen equipos e instrumentos dentro de los confines de esta dimensión. En otras palabras, es imposible lograr medir dimensiones y realidades fuera de su razonamiento subjetivo dado que, como ya aprendimos, nuestros pensamientos cambian el resultado en el mundo cuántico. **Recuerden**

que el universo cuántico más se asemeja a la dimensión espiritual porque contiene océanos de potencialidades que responden a la fe.

Por lo tanto, en la mayoría de los casos el conocimiento que valoramos como científico y fiable para nuestra seguridad es, en el mejor de los casos, subjetivo. La palabra subjetivo define la razón por la cual el reino subatómico es impredecible para la ciencia.

La ciencia, como acabamos de decir, no conoce ni comprende las características de la luz del primer día. La luz de esta dimensión es medible y predecible y no provee iluminación para percibir lo invisible.

Por lo tanto, si queremos descubrir los caminos del Espíritu y los reinos de lo invisible, debemos familiarizarnos con nuestra naturaleza espiritual y no confiar en la instrumentación de la tercera dimensión.

La mayor realización de mí vida, luego de experimentar al Cristo resucitado, fue que mis sentidos eran ineficaces para discernir esa verdad. Este es un buen momento para recordar que **la realidad se descubre donde fuimos creados y no donde nacemos.**

Nada es estático en esta dimensión. O sea que todo está en movimiento, es dinámico. Mientras más pronto entiendas esto, más rápido dejarás de tratar de aferrarte a las cosas materiales. ¡¡¡Suéltalo ya!!!

Por ejemplo, nuestros cuerpos físicos giran sobre la tierra a 1500 kilómetros por hora mientras ésta se desplaza alrededor del sol a 18 kilómetros por segundo. El sistema solar viaja a 210 kilómetros por segundo dentro de la galaxia de la Vía Láctea.

Sin embargo, conscientemente no percibimos este movimiento debido a las leyes que rigen esta dimensión.

Todas estas fuerzas transforman la frecuencia de la luz y nuestras percepciones de los objetos en esta dimensión. **Por consiguiente, si no estamos conscientes del movimiento que experimentamos a cada segundo, entonces, podríamos estar ajenos a la dramática transformación que ocurrió en la resurrección de Cristo.**

La tercera dimensión fue creada para que el hombre la domine, y que indistintamente de las sombras y la calidad de luz en este mundo, los hijos de la resurrección reflejen una luz distinta. Estamos llamados a reflejar la gloria del Cristo resucitado.

Para utilizar la terminología científica, el tiempo y el espacio colapsaron sobre sí mismos después de que Cristo resucitó, cambiando para siempre la frecuencia y la vibración a la que tenemos acceso dentro de esta dimensión.

En otras palabras, el Reino de Dios está aquí, ahora, y es accesible a todos los que son bautizados en Su agua y Su Espíritu. Vemos Su reino cuando dejamos de ver el mundo material como nuestra realidad. ¿Y cómo se hace?

Empieza a celebrar el momento presente y permite que las cosas de este mundo pasen inofensivamente por ti. Si practicas el estar presente, Él te inundará con su frecuencia de amor y misericordia.

Créeme, con el paso del tiempo desearás más la quietud que el bullicio. El resultado será que lucharás por estar presente porque sabes que el Padre celestial cuida de ti mejor incluso que de los pájaros.

C. LIBERACIÓN DIMENSIONAL DEL ORGULLO

Tú ya sabes que eres espíritu, lo cual significa que estamos diseñados para comprender dimensiones más allá de nuestros sentidos. ¡Lo siguiente es muy importante de comprender! Por lo tanto, cuándo conscientemente practicamos Su presencia vamos inmediatamente a agradecerle a Dios por cada momento increíble, porque habremos entendido que nunca habrá otro más precioso que el que estamos experimentando en ese instante.

Cada segundo es un pedazo de eternidad envuelto como un regalo para ti. ¿Puedes sentir lo extraordinario que es este regalo? No tenemos seguridad de vivir otro. Es por ello, que cada segundo debe ser celebrado con tu atención. Cuando te des cuenta de esto, que es más precioso que todo el oro y la plata del mundo, ¡tu vida habrá cambiado!

Lucha por estar presente mientras estudias esta sección porque te liberará de una falsa creencia que todos hemos tenido que soportar.

> Dijo luego Dios: "Haya lumbreras en el firmamento de los cielos para separar el día de la noche, que sirvan de señales para las estaciones, los días y los años, y sean por lumbreras en el firmamento celeste para alumbrar sobre la tierra." Y fue así.

E hizo Dios las dos grandes lumbreras: la lumbrera mayor para que señoreara en el día, y la lumbrera menor para que señoreara en la noche; e hizo también las estrellas. Las puso Dios en el firmamento de los cielos para alumbrar sobre la tierra, señorear en el día y en la noche y para separar la luz de las tinieblas.

*Y vio Dios que era bueno. **Y fue la tarde y la mañana del cuarto día.***

Génesis 1:14-19

Entre el primero y el cuarto día hubo infinitas dimensiones creadas a partir de las frecuencias combinadas de la voz de Dios y Su Presencia. Es importante comprender que nada de lo que Dios crea es lineal. Todo lo que Él crea es multidimensional, ordenado y supervisado por Su amor y gracia.

Por lo tanto, la expansión de las galaxias visibles refleja Sus dimensiones invisibles. Además, Su luz y Su voz son la fuente y la sustancia de la luz que le dan vida y sentido a todas las cosas.

Dios hizo al hombre de los elementos de esta dimensión, pero su verdadera naturaleza como espíritu ejercía dominio sobre lo visible y lo invisible. Fue formado del Verbo, que conforma todas las cosas visibles e invisibles.

El pecado de Adán tuvo un efecto en cadena no sólo en la tercera dimensión, sino en todas las dimensiones creadas en la luz del primer día. El siguiente verso de Pablo ilustra la jerarquía espiritual en la creación.

> *Porque no tenemos lucha contra sangre y carne, sino contra principados, contra potestades, contra los gobernadores de las tinieblas de este mundo, contra huestes espirituales de maldad en las regiones celestes.*
>
> **Efesios 6:12**

Por lo tanto, los poderes, principados y gobernantes corrompidos por el orgullo aún en las dimensiones invisibles fueron expuestos con el pecado de Adán. El orgullo, que se halló en Lucifer, fue el resultado del libre albedrío y es el espíritu que acabaría con toda la creación a menos que fuera removido. No creas por un instante que esto tomó a Dios desprevenido. Sino que era el plan perfecto que sólo la Divinidad conocía antes de la fundación del mundo.

El poder de satanás es la oscuridad de su propia luz, lo cual también es la sabiduría del sistema de este mundo. Recuerde, que él era el portador de la luz de Dios, por lo que entendía las dimensiones de la luz y cómo tergiversar la verdad. Sin embargo, las proclamaciones más poderosas hechas en el infierno por Cristo eran ambas visibles e invisibles dentro de la luz de Su resurrección.

> *Y de esta manera fue a proclamar su victoria a los espíritus que estaban presos.*
>
> **1 Pedro 3:19 (DHH)**

La resurrección destruyó las tinieblas y los poderes que las dominaban en todas sus dimensiones, tanto visibles como invisibles. Ese acto y proclamación regresó todo a su origen. El resultado fue y sigue siendo que lo invisible se hizo visible para todos los que habrían de entrar en el Reino de Dios a través del Cristo resucitado.

Nuestra atención al material físico agota nuestra autoridad espiritual y finalmente permite que el orgullo y el temor gobiernen nuestra vida. Cuanto más se centre nuestra atención en el momento presente, más intemporales seremos. En otras palabras, estaremos operando de manera equivalente a nuestro origen.

Somos eternos, lo cual significa que la muerte y el temor son conceptos del tiempo que los convierten en meras ilusiones. De hecho, el tiempo sólo existe cuando te sientes separado de lo que percibes. La tercera y cuarta dimensiones fueron creadas como producto de la separación del hombre con Dios.

Todo lo que está dentro de las dimensiones del tiempo y el espacio, es decir, todo lo material, está gobernado por el temor. Nuestra comprensión espiritual de quiénes somos en Él antes de la fundación del mundo nos da autoridad sobre la materia.

Ya no estamos separados de la eternidad debido a Su resurrección haciendo que las leyes del tiempo y el espacio sean irrelevantes. ¿Comprendes por qué Jesús dijo que la única prioridad que debemos tener en esta dimensión es encontrar Su Reino?

D. HIJOS DE LA RESURRECCIÓN

La luz del cuarto día que influye la conciencia de este mundo fue cambiada el día que Cristo resucitó, pero nuestra programación inconsciente tan sólo puede cambiarse con la observación consciente.

El hombre fue creado para ejercer dominio sobre la dimensión física, incluyendo la muerte, pero su deseo por obtener la sabiduría del árbol prohibido, lo obligó a ser esclavo de sus sentidos. Todas las criaturas inconscientes de Cristo son gobernadas por las leyes de esta dimensión.

La resurrección de Lázaro es uno de los relatos más fascinantes de Juan. Quiero llamar tu atención sobre el porqué creo que Jesús esperó hasta el cuarto día para resucitar a su amigo Lázaro.

Toma tu Biblia y mira en Juan capítulo 11 y examina de cerca las palabras que Jesús dijo. Algo sucederá en tu espíritu:

> *Así que las dos hermanas le mandaron decir a Jesús: Señor, tu estimado amigo Lázaro está enfermo. Cuando Jesús escuchó esto, dijo: Esa enfermedad no llevará a la muerte. Al contrario, servirá para mostrar la gloria de Dios, y también la gloria del Hijo de Dios. Jesús quería mucho a Marta, a su hermana y a Lázaro. Sin embargo, cuando supo que Lázaro estaba enfermo, se quedó dos días más allí donde estaba.*

Juan 11:3-6 (PDT)

Sabemos que Jesús era muy cercano a esa familia por la frecuencia con la que se quedaba en su casa. **Una de las cosas más difíciles de hacer en el ministerio es seguir las instrucciones del Espíritu cuando las mismas parecen no ser amorosas.**

María y Marta estaban tristes y angustiadas por el hecho de que Jesús demorara su venida para visitar a su hermano. Sin embargo, Jesús obedeció a su Padre y esperó hasta la hora señalada para ir, porque sabía que Dios honraría su obediencia.

En lo natural, esto sería muy difícil de obedecer debido al amor que Él le tenía a la familia. Pero una cosa he aprendido, los planes de Dios no están determinados por las emociones limitadas de esta dimensión. Él toma decisiones que transforman generaciones para siempre y si no confiamos en Su sabiduría, nos apoyaremos en el entendimiento que proviene de este mundo.

> *Jesús respondió: ¿No hay doce horas en el día? Si alguno anda de día no tropieza, porque ve* **la luz de este mundo** *(el sol). Pero si alguno anda de noche, tropieza,* **porque la luz no está en él.**
>
> **Juan 11:9-10 (LBLA)**

Aquí nos encontramos con uno de los temas más importantes de este capítulo. Jesús les enseña a sus discípulos la diferencia entre la luz de este mundo y *La Luz* que hay en ellos, El Cual es la fuente de toda *Luz*.

La luz de este mundo ilumina nuestros sentidos y

está limitada a doce horas. Nuestros sentidos fueron coronados por la elección de Adán como el dios de este mundo. Como resultado el hombre utiliza esa luz para promover su orgullo y codicia, lo cual produce el mismo resultado en generación tras generación. Recuerda que Salomón dijo que no hay nada nuevo bajo esa luz.

Somos formados de La Luz original que nos define como hijos de la resurrección para reproducir La Luz del primer día sin límites. Vamos a estar repitiendo esto de distintas maneras para que nunca vuelvas a ser el mismo.

Llegó, pues, Jesús y halló que ya hacía cuatro días que estaba en el sepulcro. (Algunos judíos creían que el alma permanecía cerca del cuerpo hasta por tres días después de la muerte.)

Marta le dijo a Jesús: Señor, si hubieras estado aquí, mi hermano no habría muerto. Aun ahora, yo sé que todo lo que pidas a Dios, Dios te lo concederá. Jesús le dijo: Tu hermano resucitará.

Marta le contestó: Yo sé que resucitará en la resurrección, en el día final. (Muchos judíos, en especial los fariseos, creían en una resurrección futura corporal.)

Jesús le dijo: Yo soy la resurrección y la vida; el que cree en mí, aunque muera, vivirá, y todo el que vive y cree en mí, no morirá jamás. ¿Crees esto?

Ella le dijo: Sí, Señor; yo he creído que tú eres el Cristo (Mesías), el Hijo de Dios, el que viene [que debiese venir] al mundo.

Cuando María llegó adonde estaba Jesús, al verle, se arrojó entonces a sus pies, diciéndole: Señor, si hubieras estado aquí, mi hermano no habría muerto.

Juan 11:17, 21-27, 32

[énfasis según Biblia Amplificada en inglés]

Jesús llega a Betania el cuarto día para encontrar a sus queridos amigos tristes y deprimidos a pesar de haber visto los milagros que Él había realizado. ¿Te has dado cuenta cuán fácil es caer en el error de creer y esperar los peores resultados posibles de las circunstancias?

Por ejemplo, llegas a casa después de la visitación más gloriosa de Dios en tu vida sólo para encontrar un aviso de evacuación hipotecaria en el correo. Casi de inmediato tu mente te lleva al peor escenario y resultado posible. ¿A qué se debe esto?

El temor a la muerte está programado subconscientemente en cada niño al nacer en este mundo. **Además, la luz de esta dimensión, como resultado del pecado, hace que sea extremadamente fácil que la incredulidad y la duda controlen nuestros pensamientos.** Incluso cuando sabemos lo contrario, nos resulta mucho más fácil someternos a las voces de la mentira que de la fe.

Tanto Marta como María sabían que Jesús era el Mesías, pero aún así seguían angustiadas por el temor a la muerte. De hecho, en el versículo 39 Marta pensó que dado que Lázaro ya hedía, el poder de la resurrección de Dios sería insuficiente.

> *Jesús le dijo: ¿No te dije que si crees, verás la gloria de Dios?* Entonces quitaron la piedra.
>
> *Jesús alzó los ojos a lo alto, y dijo:* **Padre, te doy gracias porque me has oído. Yo sabía que siempre me oyes; pero lo dije por causa de la multitud que me rodea,** *para que crean que tú me has enviado.*
>
> *Habiendo dicho esto, gritó con fuerte voz: ¡Lázaro, ven fuera! Y el que había muerto salió, los pies y las manos atados con vendas, y el rostro envuelto en un sudario.*
>
> **Juan 11:40-43**

Al igual que Lázaro, todos nacemos en la luz de este mundo. Cuando digo luz, me refiero a la sabiduría e iluminación dentro de esta dimensión. Sin embargo, nosotros estamos en Él desde antes de la fundación de este mundo y no en la iluminación de este mundo. Pero hasta ahora muchas personas no conocen la diferencia.

Además, Jesús transformó la luz del cuarto día en Su consciencia de Vida y *Luz*. Jesús te llama de la luz oscura de la cueva donde yaces en la vestimenta de sepultura de la duda y la incredulidad. Pero si escuchas con atención oirás "que sea la *Luz*". Después de esto ya no serás más esclavo de la luz de este mundo porque verás y escucharás *La Luz* del primer día.

Todos los que estamos en Cristo desde antes de la fundación del mundo fuimos testigos tanto de la resurrección como de la destrucción del mal antes de nacer en este planeta. La muerte y el temor a la muerte no pueden subsistir en la eternidad intemporal de *La Luz* del primer día.

> *Porque tampoco pueden ya morir, pues son como ángeles, y son hijos de Dios, siendo* **hijos de la resurrección.**
>
> **Lucas 20:36**

Noten que el versículo dice que somos los hijos de Dios, como subproducto de la resurrección. Jesús nació como el hijo resucitado de Dios antes de padecer la cruz. Recuerda que nos originamos fuera de la mentalidad y las leyes de esta dimensión, la cual es lineal.

Por lo tanto, tu origen es el prerrequisito para que seas un hijo de Dios, lo que significa que eres un hijo de Dios ahora. Nada en el futuro te hará más grande de lo que ya eres desde antes de la fundación del mundo.

La luz de este mundo produce las frecuencias del temor dentro de los corazones y las mentes de las personas. El poder de *Su Luz* es el conocimiento de la resurrección. La generación de la resurrección es aquellos que no responden a las frecuencias dentro de la luz de este mundo.

Nosotros somos la iluminación de esta dimensión, *La Luz* eterna, que no tiene pasado ni futuro. ¿Me doy a entender? Somos los hijos resucitados cuya *Luz* es más resplandeciente que la luz de este mundo.

Cristo resucitó al tercer día y eso se debe a que Él es tanto el Reino y la culminación de la Ley. Cristo restauró lo que Adán había perdido y destruyó al que tenía el poder de la muerte, o sea el diablo.

El tercer día es el relato físico del cumplimiento profético de todas las cosas tanto visibles como invisibles. Tú y yo somos los herederos físicos y espirituales de la gloria del tercer día de Dios. Somos el reflejo de la verdadera gloria y resurrección de Cristo creado para proyectar esa gloria en esta dimensión como *La Luz* eterna.

Somos *La Luz* que gobierna el tiempo y el espacio en esta dimensión porque somos los hijos de la resurrección. Vive cada día como ese hijo que se encuentra en el momento presente intemporal.

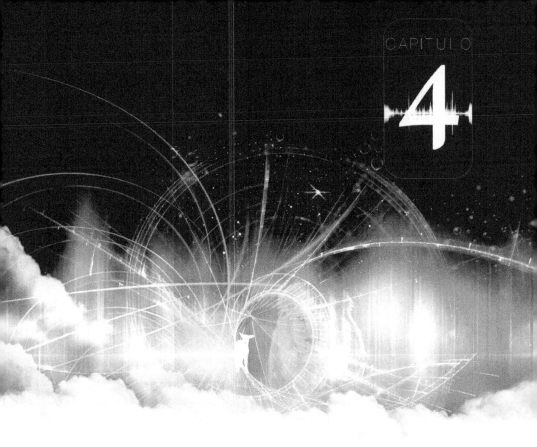

ERES
ANTES
que el Mundo Fuera

Las escrituras que registran la frase "antes de la
fundación del mundo" resaltan la discusión de esta
sección y aprenderás que "el mundo" se refiere a la
conciencia del hombre sin Cristo.

*Padre, aquellos que me has dado, quiero que
donde yo esté, también ellos estén conmigo,*

*para que vean mi gloria que me has dado,
pues me has amado desde **antes de la
fundación del mundo.***

Juan 17:24

*Según nos escogió en él **antes de la
fundación del mundo,** para que fuéramos
santos y sin mancha delante de él.*

Efesios 1:4

*Él estaba destinado desde **antes de la
fundación del mundo,** pero ha sido
manifestado en los últimos tiempos por amor
de vosotros.*

1 Pedro 1:20

Las escrituras utilizan las palabras tierra y mundo, pero como veremos no significan lo mismo. Las palabras griegas que se traducen en mundo son Cosmos y Aeon, las cuales significan épocas o tiempos.

Por lo tanto, cuando la Biblia habla del mundo no está describiendo algo físico, sino el pensamiento colectivo de los habitantes de la tierra.

Mientras que la palabra tierra se define en los diccionarios hebreos como suelo, tierra o polvo. En otras palabras, según los diccionarios la tierra es algo físico o materia.

Por lo tanto, al leer Juan 3:16 tiene mucho sentido que Jesús muriera por la conciencia de pecado del planeta, que se origina en el alma del hombre.

Aquí hay algo que te ayudará. Piensa en la tierra como tu cuerpo y en el mundo como tu mente. Esto ilustra el poder de los pensamientos en relación con nuestro cuerpo.

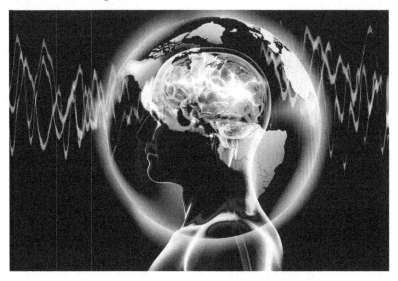

Fig. 9 - Los pensamientos del hombre con sus frecuencias crean su mundo

Dios creó todas las cosas tanto las visibles como las invisibles, sin embargo, el mundo de Dios es Su Reino invisible. Por lo tanto, cuando Jesús hablaba de su Reino, se refería al mundo o ámbito invisible de Dios.

Además, Él dijo que las palabras que hablaba eran Espíritu, lo cual significa que se comunica con el lenguaje del Reino de la fe directamente a tu espíritu. Esto es tan importante que lo comprendas. En el Reino de Dios, la comunicación se hace de Espíritu a espíritu.

Adán fue creado plenamente equipado para vivir simultáneamente en los reinos visibles e invisibles. Por lo tanto, el plan de Dios era que cada generación en la carne viviera conectada espiritualmente a Él en la tierra.

La desobediencia de Adán activó sus sentidos y le produjo temor. Desde ese acontecimiento, todos los seres humanos nacen con el temor a la muerte y están programados para creer que el mundo material es su hogar y su realidad.

Jesús redimió a la humanidad porque Él fue el Verbo antes de venir en carne. Por lo tanto, Sus palabras a continuación ilustran que Su resurrección liberaría tanto el alma como el cuerpo de cada ser humano.

*Ya está aquí el juicio de este **mundo**; ahora el príncipe de este **mundo** será echado fuera. Y yo, si soy levantado de la **tierra**, atraeré a todos a mí mismo.*

Juan 12:31-32 (LBLA)

Los pasajes ilustran que Jesús juzgó tanto a Satanás y su reino en la resurrección. La autoridad concedida a satanás por Adán fue eliminada mediante la resurrección de Cristo. ¿Lo ves? La autoridad que Cristo nos restituyó depende de nuestra habilidad de vivir en Su Reino ahora.

La importancia de estos versos no se puede sobreestimar. Jesús nació como el hijo del hombre con la conciencia de Su Padre. Su asignación fue mucho mayor que la muerte física, pero si la gente sólo ve a Jesús de Nazaret en la cruz, nunca lo verán como el Cristo.

Un paso importante que me ayudó a comprender esta transición fue observar la forma en que Él intercambió su voluntad por la de su Padre. Se entrenó desde niño para ser consciente del momento.

En otras palabras, Él disciplinó su espíritu para prestar atención a todo lo que su Padre Celestial hacía y le decía. Lo cual significa que no tuvo opinión propia ni la oportunidad de ejercer su voluntad.

Además, no asumió la personalidad de Jesús de Nazaret; la cual era el hijo del hombre. Esto se debe a que pasaba horas a solas con Su Padre. Jesús se consumía en su Padre y por eso resucitó.

Nos convertimos en lo que consumimos, por lo que recomiendo el ayuno. Si anhelamos ser Su reflejo dejemos de consumir las imágenes de este mundo.

La mayoría de las personas asumen una personalidad por imaginar y pensar en cualquier cosa que no sea Él ahora. La persona se convierte en su identidad, que acaba consumiendo su tiempo y sus pensamientos. Se convierten en lo que consumen, lo cual es material y no espíritu.

Te desafío a que pases tiempo observando tus pensamientos. La mayoría de las personas se sienten incómodas estando quietas o en silencio debido a temores ocultos de un tipo u otro. Hasta que no conquistes ese temor, la paz y la quietud serán tu enemigo.

Nuestros pensamientos crean y definen el mundo que experimentamos.

Las dos preguntas importantes a las que debemos responder son: ¿quiénes somos y de dónde venimos? ¿Eres un hijo de la resurrección o eres una personalidad de este mundo?

Tu fe finalmente radicará en el mundo que identificas como tu origen. Si este planeta es tu hogar, te verás obligado a funcionar conforme a su sabiduría y a tus sentidos. Pero, si determinas que estás en Él desde antes de la fundación del mundo, deberás aprender el lenguaje del Espíritu, el cual es la fe.

Hemos descubierto la importancia de nuestros pensamientos con relación a nuestro mundo. Si permanecemos en Él, tal como lo describen las escrituras, nuestros pensamientos serán distintos que si nos identificamos como ciudadanos de la tierra. ¿Por qué? Porque los pensamientos poseen una frecuencia y una vibración que atraen al cielo o al infierno.

El vivir en Su Reino depende de un encuentro continuo con el Cristo vivo, lo cual significa que la autoridad de la resurrección reina sobre el temor a la muerte. Cada día debe de ser una experiencia nueva y fresca con esa relación o construirás una religión a partir de las experiencias del ayer.

Desde que Jesús resucitó, sus discípulos no le reconocieron, incluso los que le vieron en ese estado más de una vez. Esto se debe a que la dimensión de la eternidad no es familiar ni predecible, de lo contrario existiría en el tiempo y estaría gobernada por el temor.

Si estamos en Él, y lo estamos, nuestros pensamientos y experiencias no deberán ser los mismos. Los que saben que son espíritu renuevan su espíritu centrándose menos en la materia y más en el espíritu. En otras palabras, deja de pensar tanto en el pasado o en el futuro y observa el presente.

A. El MUNDO Y LA CONCIENCIA DEL PECADO

Sabemos que las palabras de mundo y conciencia son términos que ayudan a nuestra alma a entender su relación con la eternidad. Debemos saber y creer que la resurrección de Cristo destruyó la conciencia del temor y la muerte, los cuales conforman el fundamento de este mundo. Ese conocimiento despierta nuestro espíritu al Espíritu de Dios, que restituye el cielo a nuestra vida.

Este versículo de la carta a los Efesios está escrito fuera de esta dimensión y me inspiró a buscar las profundidades de lo que Pablo presenció.

> **Dios nos escogió en Cristo desde antes de la creación del mundo,** *para que fuéramos santos y sin defecto en su presencia. Por su amor,*
>
> **Efesios 1:4 (DHH)**

La realidad de este verso se desvelará perpetuamente en el interior de todo aquel que persiga el amor de Cristo y lo inagotable de su resurrección.

La palabra más poderosa en el cristianismo es resurrección porque demuestra que Jesús no era un filósofo o un mártir religioso, sino la fuente de toda la vida. Él es el cumplimiento de todas las profecías escritas sobre Él en la Biblia, especialmente en Génesis 3:15.

> *Haré que tú y la mujer, sean enemigas; pondré enemistad entre sus descendientes y los tuyos. **Un hijo suyo te aplastará la cabeza,** y tú le morderás el talón.*
>
> **Génesis 3:15**

Dios utiliza el mismo género (la mujer) que fue seducido por satanás para producir la descendencia que aplastó la cabeza del mentiroso. Eso es tan majestuoso en tantos niveles, pero ninguno tan dulce como la manera en que Dios redimió a la mujer a través del nacimiento de su Hijo. Su amor y autoridad son evidentes para cualquiera que desea la redención.

La conciencia pecaminosa de este mundo empezó y nunca cambiará, debido a las leyes que fueron puestas en marcha por la desobediencia.

Dios es justo y nunca cambiará tu derecho a elegir, pero esto también significa que Él es fiel en cumplir las consecuencias de esas elecciones. Sin embargo, Su amor siempre provee un camino para aquellos que lo eligen a Él, incluso después de tomar decisiones equivocadas.

> *"Claro que podemos comer del fruto de los árboles del huerto," contestó la mujer. Es solo del fruto del árbol que está en medio del huerto del que no se nos permite comer.*

*Dios dijo: "No deben **comerlo, ni siquiera tocarlo; si lo hacen, morirán".***

Génesis 3:2-3 (NTV)

*"**¡No morirán!**" respondió la serpiente a la mujer. Dios sabe que, en cuanto coman del fruto, se les abrirán los ojos y serán como Dios, con el conocimiento del bien y del mal. El hombre contestó, "Te oí caminando por el huerto, así que me escondí. **Tuve miedo** porque estaba desnudo."*

Génesis 3:4-5, 10 (NTV)

Estos versos son el fundamento del " mundo" por la siguiente razón:

El cuerpo de Adán estaba cubierto con el material de la tierra, pero eso no era lo que él era, ni tampoco es lo que tú eres. Dios nos provee el material necesario para nuestro gobierno y autoridad.

La humanidad fue creada para gobernar la tierra, lo que significa que nada en este planeta puede destruir al hombre, ni siquiera la enfermedad. Si no obtienes nada más de este capítulo, que sea que **nuestro diseño es gobernar y dominar las cosas visibles e invisibles de este planeta.** Lo cual significa que nada, ni gérmenes ni los virus, son más grandes que Su Palabra.

La conversación entre la mujer y Satanás es de suma importancia comprender. La mujer intentó hacer que Dios pareciera un tirano al decir que "mataría" a cualquiera que siquiera tocara el fruto, y mucho menos que lo comiera.

La mujer vio el fruto como algo que la haría sabia. Sin embargo, Dios creó a toda la humanidad en integridad y unidad conforme a Él mismo. Ella utilizó sus sentidos para desear la sabiduría que era algo que "creía que le faltaba". Ese deseo la separó de la completitud. Siempre nos sentimos separados de las cosas que deseamos hasta el momento en que nos damos cuenta de que fuimos creados totalmente completos, sin que nos falte nada.

Cada vez que experimentamos deseos y hacemos elecciones del mundo exterior nos sometemos a un programa inconsciente que exige la separación dado que fue formado según el padre de las mentiras. El temor y los deseos se originan en el tiempo, lo que nos separa de la unicidad, dado que elegir lo que ya tienes te convierte en carne y no en espíritu. Somos creados íntegros y completos con todo lo que necesitamos, aunque no sea esto visible.

El acto de celebrar nuestra plenitud mediante la gratitud y el agradecimiento elimina toda separación y escasez, porque expresamos lo que no podemos conocer en el ámbito material. En otras palabras, al usar la fe, que en este ejemplo simboliza agradecerle a Dios por lo que no es visible, cambiamos nuestra percepción de la carencia a la plenitud.

La tierra fue formada para someterse a la autoridad de Dios. **Dios le dio al hombre su autoridad al formarnos a su imagen y semejanza.** Ese poder se manifestó en Adán cuando les puso nombre a los animales.

Adán le dio una imagen y semejanza a las criaturas de la misma manera que Dios se la impartió a él. Lo cual significa que las criaturas manifestaron el carácter del nombre que Adán les dio.

Adán disponía de total autoridad para cambiar la naturaleza y el carácter de todos los seres vivos en la dimensión material incluido en el sistema solar, al unir su mente y corazón en un mismo sentir. Es esencial comprender esto.

Nuestra completitud requiere que actuemos en unidad con nuestra mente y nuestro corazón, lo cual es la forma en que el hombre fue creado en el principio.

Por lo tanto, la tierra y el mundo respondieron al decreto de muerte de la mujer y a la admisión de temor de Adán de la misma manera que los animales lo hicieron al recibir sus nombres. En otras palabras, las mismas leyes que gobiernan el planeta en lo natural, fueron establecidas en lo espiritual por medio del pecado. El verso a continuación muestra las leyes físicas que gobiernan este mundo y el planeta.

> *Mientras la tierra permanezca, habrá cultivos y cosechas, frío y calor, verano e invierno, día y noche.*
>
> **Génesis 8:22**

Adán y su ayuda idónea, los dioses de este planeta, establecieron el temor y la muerte como la sustancia espiritual y fundamento de esta dimensión de este mundo, los cuales conforman la sabiduría de este mundo.

El hombre está físicamente construido con el material de la 3ª dimensión, que funciona perpetuamente en la dualidad o sean los opuestos, tales como el bien y el mal.

Por lo tanto, la conciencia del pecado es el virus espiritual que infecta a cualquiera que anhele la sabiduría de esta dimensión y que finalmente come del árbol del conocimiento. Además, los resultados de esto están documentados a lo largo de la historia en guerras, muerte, hambrunas, enfermedades y caos.

El versículo a continuación explica por qué Dios tuvo que eliminar el virus antes de que arrasara con toda su creación.

> *El Señor vio la magnitud de la maldad humana en la tierra y que **todo lo que la gente pensaba o imaginaba** era siempre y **totalmente malo.** Entonces el Señor lamentó haber creado al ser humano y haberlo puesto sobre la tierra. Se le partió el corazón.*
>
> **Génesis 6:5-6 (NTV)**

Mas Noé halló gracia y recibió el plano del arca que lo mantendría a él y a su familia con vida hasta que el diluvio pasara. Sin embargo, la conciencia del pecado permaneció en la tierra y en la tercera dimensión.

Dios restringió los movimientos físicos del hombre sujetando esta dimensión con el tiempo, a lo que algunos le llaman la cuarta dimensión. Por lo tanto, el tiempo y el espacio junto con la luz del cuarto día son los factores que rigen nuestro sistema del mundo.

¿Ves ahora la genialidad de Dios al crear las luces que gobiernan la tierra natural en el cuarto día mientras que establecía una cuarta dimensión que gobernara las almas dentro de la tercera dimensión?

Los espíritus no están restringidos por el tiempo y el espacio, lo cual significa que tenemos acceso a todas las dimensiones en Él. Por lo tanto, si lo que dicen las escrituras sobre nuestro origen "en Él" antes de la fundación del mundo es cierto, entonces podemos experimentar un " Nuevo Nacimiento".

La realidad de lo que Jesús le dice a Nicodemo en Juan 3 significa que tenemos acceso a todas las dimensiones fuera del tiempo y el espacio. Una vez que nacemos de nuevo, la capacidad de permanecer en Él se convierte en nuestra pasión y primer amor. Aprenderemos que Su resurrección nos regresó al huerto porque antes de que existiera el tiempo, ya estábamos en Él.

Hay muchos escritos que no se encuentran en el canon Bíblico y el Evangelio de Tomás es uno de ellos. Algunos de estos libros conocidos como "apócrifos" son una bendición entenderlos. Varios son análogos a las Escrituras y en muchos casos las iluminan. El evangelio de Tomás es uno de estos libros. Jesús hizo un esfuerzo especial de encontrar a Tomás, luego de su resurrección, para demostrarle el poder de ésta.

> *Jesús ha dicho: Quien ha conocido el sistema del mundo, ha encontrado un cadáver y quien ha encontrado un cadáver, de él no es digno el sistema.*
>
> **Tomás 56 (Apócrifo)**

Jesús claramente nos habla de la conciencia de pecado que mata a los que no reconocen que este mundo es el espíritu del anticristo. Aquellos que rehúsan comer del fruto del sistema de este mundo pronto entenderán su estado original como Sacerdotes y Reyes.

> *Jesús ha dicho: Me puse de pie en medio del mundo y encarnado me aparecía a ellos. Los encontré a todos ebrios, no encontré a ninguno sediento. Y mi alma se apenaba por los hijos de los hombres, porque están ciegos en sus corazones y no ven que vacíos han entrado en el mundo y vacíos están destinados a salir del mundo de nuevo. Mas ahora están ebrios, cuando hayan sacudido su vino, se arrepentirán.*
>
> **Tomás 28 (Apócrifo)**

En este pasaje Jesús describe la condición del hombre al nacer. La embriaguez es otra forma de decir que estamos hipnotizados para creer que somos de carne y estamos desamparados. Si permanecemos conscientes en Él, la embriaguez pasará y experimentaremos la resurrección de Cristo, la cual alterará nuestra manera de pensar y creer.

Jesús ha dicho: Si dos hacen la paz entre sí dentro de esta misma casa, dirán a la montaña, "¡Muévete!" y se moverá.

Tomás 48 (Apócrifo)

Jesús ha dicho: Cuando hagáis de los dos uno, os convertiréis en hijos de la humanidad y cuando digáis a la montaña, "¡Muévete!", se moverá.

Tomás 106 (Apócrifo)

Jesús nos ilustra que Dios creó al hombre para controlar el mundo exterior desde el interior. Hemos aprendido que el temor crea una separación en nuestra alma dividiendo el corazón y la mente, pero si nos convertimos en uno en nuestra manera de creer, esto transformará la materia. Si deseamos que los dos sean uno, primero debemos unir conscientemente la división en nuestro interior y luego dar gracias externamente por el milagro.

El poder de la oración consiste en ver el resultado final en tu mente antes de orar y agradecerle de corazón sin importar la forma en que parezca en el momento.

El mundo externo es el resultado de tu manera de creer. Si cambias lo que crees, lo que percibes externamente cambiará proporcionalmente también.

B. CRISTO ESTA CONCIENTE DENTRO DE TI AHORA

La tierra fue restaurada a través de la resurrección de Cristo, mas no la conciencia de pecado y la programación subconsciente de la humanidad. La muerte natural aún ocurre en esta dimensión dado que ella es una de las leyes que gobiernan la tercera dimensión. Estamos repitiendo el verso de Génesis 8:22 para recordarles las leyes instituidas por el pecado.

> *Mientras la tierra permanezca, habrá cultivos y cosechas, frío y calor, verano e invierno, día y noche.*
>
> **Génesis 8:22**

Fuimos creados para experimentar dimensiones ajenas a las restricciones de tiempo y espacio. El desafío es que nuestro programa subconsciente se sobrepone a nuestra hambre y sed espiritual por volver y perseguir lo que es físicamente indiscernible.

Ante todo, debemos comprender que el conocimiento de esta dimensión nunca cambiará nuestra condición espiritual. ¿Por qué?

El temor es la sustancia espiritual producida por la sabiduría de este mundo y es el hardware y el software que controla nuestra programación subconsciente. Ese software está dentro de todo lo material, mas hay una puerta secundaria[4] que Dios utiliza para cambiar nuestras vidas.

---

4 Una **puerta secundaria** en software o en un **sistema** computacional generalmente se conoce como un portal indocumentado que permite al administrador acceder el Sistema para diagnosticar errores o hacerle mantenimiento. Además, también se refiere a un portal secreto que hackers y agencias inteligentes pueden utilizar para obtener un acceso ilícito.

Mi formación cristiana temprana y mis creencias fueron el resultado de las doctrinas de las denominaciones bautista y pentecostal. Al cristiano promedio se le enseña que Dios quiere que disfrute de la vida en abundancia hasta que muera. El problema está en que la definición de abundancia de Dios y la nuestra no son las mismas. La nuestra causa que nos aferremos más al ámbito material, lo que generalmente significa ganar más dinero, votar conservador, confiar en el médico y competir por el éxito. Todas estas cosas parecen correctas y sanas, mas no tienen nada que ver con la idea de abundancia de Dios ni con nuestro diseño y destino.

La abundancia espiritual consiste en tener más de lo necesario cuando lo necesitas. Piensa en el maná que caía en el desierto. Dios les proveía todo lo que necesitaban para cada día, pero la mentalidad del pecado no se conforma con el hoy dado que el temor exige preocuparse por el futuro.

El poder de la cruz y la salvación por medio de Jesucristo son los mensajes centrales en los púlpitos de la mayoría de las iglesias cristianas. Su creencia del evangelio fue y sigue siendo el mensaje de salvación de Jesucristo. La verdad de lo que Jesús hizo por toda la humanidad es irrefutable, pero es sólo una parte del glorioso evangelio.

Desafortunadamente, ese poderoso mensaje fue y sigue siendo revestido de temor por la indoctrinación de una futura tribulación global que requiere que Jesús venga a terminar su obra. Recuerdo haber sido muy impopular al decirle a la gente que no creía que eso fuera parte del evangelio. ¿Por qué? Porque, en mi opinión, el evangelio no debe producir temor sino fe en Su resurrección.

El Evangelio no es un evento futuro que requiere de un evento en lo natural para transformar nuestra condición espiritual. **Sólo hay un evento físico que sucedió en el planeta, y cambió tu vida para siempre y fue la resurrección de Jesucristo.**

C. LA MUERTE ESPIRITUAL DESTRUIDA

Como les dije en el primer capítulo de este libro, hay un término utilizado en la física denominado "la función de la onda colapsada" que describe una onda de energía que se convierte en materia. Sin embargo, en el mundo de la ciencia, la muerte es otra forma de describir cómo la materia se convierte en energía.

Si hay una palabra que infunde terror en el corazón y la mente de todo ser humano en el planeta es la muerte. La muerte física es el resultado natural de un nacimiento físico en este mundo, pero desafortunadamente aquellos que no han experimentado Su resurrección piensan más en la muerte que en la vida.

La dimensión invisible o espiritual es la fuente de todo el mundo material, incluyendo el nacimiento y la muerte. Tanto la muerte física como la espiritual, fueron destruidas por Su resurrección, lo que significa que todas las cosas son hechas nuevas.

Según la primera ley de la termodinámica, la energía no puede ser destruida ni creada. Sin embargo, cuando Jesús nos habla de la muerte en el Apocalipsis la llama la segunda muerte, lo cual parece violar todas las leyes de esta dimensión. ¿Cuál es el significado de esto?

*La muerte y el infierno fueron arrojados al lago de fuego. **Este lago de fuego es la muerte segunda.***

Apocalipsis 20:14 (NVI)

Jesús nos habla como el Cristo resucitado que redimió a la humanidad la ley que produjo el pecado, la cual es la muerte espiritual, conocida como "la segunda muerte". Las leyes que rigen la tercera y la cuarta dimensiones funcionan dentro del plan de Dios, que consiste en atraer a todos los hombres hacia Él a través de Su amor incondicional.

En otras palabras, el temor a la muerte natural produce en última instancia, un deseo en las personas por considerar la eternidad y su origen desde antes de la fundación del mundo. El amor de Dios trasciende el tiempo, el espacio y la muerte natural, pero también espera a que el hombre clame por Su misericordia y Su gracia.

El Verbo se hizo materia, en la persona de Jesús de Nazaret, para destruir la muerte y cumplir la ley. Toda la materia física deja de vivir en ese estado, pero ¿esto realmente significa la muerte para ti y para mí?

¿Eres carne o eres espíritu? Nuestro cuerpo responde

a nuestros pensamientos, que deben ser controlados por nuestro espíritu, de lo contrario, pensaremos más en la muerte natural y no en la vida de la resurrección.

En la mayoría de los casos el programa inconsciente que opera cuando no estamos prestando atención al momento presente, produce pensamientos equivalentes a la muerte y al morir físicamente. ¿Qué significa para el verdadero tú que tu cuerpo regrese a la tierra? Quiero que te respondas esta pregunta.

Antes de la crucifixión, la muerte era la autoridad final en la vida de una persona por causa del pecado de Adán, mas la resurrección de Cristo colapsó todas las dimensiones en sí mismo, lo cual es una hermosa imagen de la reconciliación.

> *Y por medio de Él reconciliar todas las cosas consigo, habiendo hecho la paz por medio de la sangre de su cruz, por medio de Él, repito, ya sean las que están en la tierra o las que están en los cielos.*

Colosense 1:20 (LBLA)

Su resurrección destruyó la muerte y anuló los acontecimientos del Génesis que restringían a la humanidad de su origen. Además, abrió el portal de la quinta dimensión para que el hombre se sentara con Él en los lugares celestiales.

Fig. 10 - Cristo la Puerta a la 5ª dimensión

Experimentar Su resurrección y Su naturaleza siempre ascendente nos abre la quinta dimensión a la realidad de nuestro origen. Su resurrección es un proceso continuo que podemos disfrutar dentro del momento presente eterno. Si deseamos experimentar la eternidad ahora, debemos permanecer conectados al presente. Las frases que acabas de leer no son un concepto mental, sino una puerta de vuelta a casa.

Sin embargo, el pasado y el futuro seguirán enviando imágenes y sensaciones en la forma de sentimientos para removerte de tu posición como eterno. Las siguientes escrituras son algunos ejemplos de esta clase de mensajes.

Así que no se preocupen diciendo: "¿Qué comeremos?" o "¿Qué beberemos?" o "¿Con qué nos vestiremos?" Los paganos andan tras todas estas cosas, pero el Padre celestial sabe que ustedes las necesitan.

Más bien, busquen primeramente el reino de Dios y su justicia, y todas estas cosas les serán añadidas.

Por lo tanto, no se angustien por el mañana, el cual tendrá sus propios afanes. Cada día tiene ya sus problemas.

Mateo 6:31-34 (NVI)

Los que están atemorizados por la muerte confían en los sistemas de este mundo y no han experimentado al Cristo resucitado. El resultado es que nos vestimos con los ropajes del orgullo y la arrogancia para escondernos del que nos ama incondicionalmente.

Eso fue exactamente lo que le ocurrió al primer hombre de Dios. Tuvieron temor y se escondieron. Si confiamos en la sabiduría de este mundo, es porque comimos del fruto de la dualidad. Y si esa es tu condición, ahora es el momento de cambiar lo que crees. Nada cambiará hasta que lo hagas.

Los que estamos en Él antes de la fundación del mundo conocemos nuestro origen como espíritus y estamos despertando a la Verdad. El momento presente, el cual es eterno, es la concientización perpetua de Cristo. La verdadera transformación ocurre cuando sentimos y pensamos desde la unicidad de Su Espíritu.

¿QUÉ ES LA
IMAGEN de
DIOS?

Esta es quizás una de las partes más importantes del libro, porque todo en la dimensión física es tanto una imagen como un reflejo del gran Artista, que es nuestro Padre Celestial. De hecho, el mundo físico en todo su esplendor fue diseñado para ser el puro reflejo de Su imagen. La manera en que percibimos el mundo físico habla más acerca de nosotros que ninguna otra cosa.

*Entonces dijo Dios, "**Hagamos al hombre a nuestra imagen, conforme a nuestra semejanza**; y tenga potestad sobre los peces del mar, las aves de los cielos y las bestias, sobre toda la tierra y sobre todo animal que se arrastra sobre la tierra."*

*Y **creó Dios al hombre a su imagen, a imagen de Dios lo creó**; varón y hembra los creó.*

Génesis 1:26-27

Noten que en el versículo 27 establece que el hombre fue creado dentro de una dimensión en la que sólo Él Creador vive. En otras palabras, Dios El Padre creó al hombre desde dentro de Él mismo, la cual es la dimensión que envuelve todas las dimensiones y la fuente de *La Luz* sin sombras. El volver a nuestro origen no sólo cambia nuestra dimensión, sino que también elimina todo límite en nuestra manera de pensar y creer. Esto es esencial que lo entiendas.

Creo que hubo dos razones por las que Moisés no pudo describir en el Génesis la dimensión que Dios le mostraba.

Adán fue formado de *La Luz* sin imágenes. Debía ser la imagen física del Dios sin imágenes y reproducir generaciones en la tierra conforme a Su imagen. En otras palabras, Adán fue dotado con todas las características para reproducir *hijos de la Luz* en toda la dimensión material.

Sin embargo, su pecado formó una división entre Dios y el hombre que produjo sombras. El pecado de Adán removió la imagen y semejanza de Dios e hizo del hombre una sombra de la imagen. ¿Me doy a entender? Lee este versículo en Mateo y examina detenidamente las palabras de Jesús en relación con la luz y las tinieblas.

> *La lámpara del cuerpo es el ojo; así que, si tu ojo es bueno, todo tu cuerpo estará lleno de luz;*
> *pero si tu ojo es maligno, todo tu cuerpo estará en tinieblas. Así que, si la luz que hay en ti es tinieblas, ¿cuántas no serán las mismas tinieblas?*

Mateo 6:22-23

Jesús utiliza el ojo y la luz para recrear la escena del huerto del Edén. La mujer vio que el fruto era agradable y que le brindaría sabiduría. (parafraseando)

El ojo es el alma y la luz representa la sabiduría, que sigue siendo el caso hoy en día. El alma elige entre creer en la luz o la sabiduría de este mundo o redescubrir *La Luz* dentro de su espíritu. Jesús define la luz de este mundo como oscuridad, pero para un alma alejada de su fuente esta le parece como iluminación.

Mientras Adán permaneciera en la imagen de Dios, su alma disfrutaría de la pureza y la sabiduría de *La Luz* de Dios. Sin embargo, una vez que comió del árbol del conocimiento, las tinieblas llenaron su alma.

El primer hombre creado por Dios, hecho a Su imagen y semejanza, ya no podía reflejar *La Luz* sin imagen de Dios porque un elemento llamado pecado se interponía entre Él y el hombre. El hombre es una sombra de la imagen y semejanza de Dios porque su alma se convirtió en su sabiduría y su realidad.

Tal vez esta analogía ayude a ilustrar el objeto del pecado entre *La Luz* y Adán. Un eclipse solar describe el paso de la luna entre el sol y la tierra. La luna en este caso, símbolo del pecado proyecta una sombra sobre la humanidad eternamente. El alma del hombre permanece perpetuamente en la oscuridad hasta que *La Luz* del Primer Día se convierte en su fuente.

El resultado es que la humanidad tiene la imagen de Adán que lleva la sombra de su creador mas no Su imagen. Este ejemplo ilustra por qué toda la creación nace con la conciencia de pecado de Adán en la tierra.

En segundo lugar, la razón por la que somos desafiados y limitados en esta dimensión es porque nuestros pensamientos son restringidos por la luz procedente de nuestra alma. En otras palabras, todas nuestras percepciones se forman dentro de las sombras del alma. Si meditas en esto, te ayudará a permanecer consciente de tus acciones y comportamientos de una manera más constante.

La mente de Dios no tiene restricciones porque Él es la fuente de toda la vida. Todo lo que Él crea es único y ello te incluye a ti. Lo que impide que los hombres tengan un pensamiento de su origen es debido a que sus mentes nacen dentro de la conciencia pecaminosa de Adán.

Todas nuestras imaginaciones son el resultado de una imagen de algo del mundo exterior. Nuestra mente es incapaz de crear algo que nunca ha existido. Pero quizá digas ¿y la revolución industrial y los inventos modernos como los teléfonos móviles o las computadoras?

Las sombras no pueden crear porque no son la fuente. Por lo tanto, ensamblan cosas de una imaginación que se originó en la oscuridad y nunca sostendrá la vida. Las creaciones que forman esta dimensión son en realidad sombras que crean más sombras sin sustancia. Nada es nuevo bajo el sol porque vivimos como la sombra de nuestro Creador.

El tema central de nuestra discusión es que todos los seres humanos nacen dentro de un rango limitado de posibilidades mientras este sistema sea su fuente de sabiduría y realidad.

El punto que deseo recalcar es que todos los seres humanos nacen dentro de un rango restringido de posibilidades y limitaciones mientras que este sistema sea su fuente de sabiduría y realidad. Este es el tema central de nuestra discusión.

Tu verdadero ser está formado por el *"Sea La Luz"*, lo que significa que nada de esta dimensión puede satisfacer o alimentar tu naturaleza espiritual. La Deidad formó al hombre a través de su Espíritu en amor y perfección para reflejar su imaginación y propósitos divinos. Debemos convertirnos en nuestro verdadero origen como *La Luz*, lo cual es la descripción de Dios.

Además, *Su Luz* no tiene imagen ni sombra, lo cual **significa que la sustancia misma es la forma.** Medita en ello por un momento.

En el mundo material, creamos un vaso de material para contener una sustancia llamada agua. Sin embargo, en la dimensión de Dios, la Luz es ambos, la sustancia y la imagen o lo que la contiene.

Es imposible imaginar a Dios. Lo mejor que podemos hacer es utilizar Escrituras que ilustran Sus características y Su sustancia. En 1 Juan 4, Dios es descrito como "amor" y Jesús nos dice en Juan 4:24 que Él es "Espíritu". Pablo menciona en Colosenses 1:15 que Dios es "invisible", y Hebreos 11:3 y 6 dice que la fe agrada a Dios y por medio de ella sabemos que el mundo visible fue creado de lo invisible.

Por lo tanto, Dios es amor, invisible, Espíritu y accesible por la fe. Todas estas descripciones son etéreas o espirituales porque describen a un ser que no puede ser concebido ni comprendido dentro de esta dimensión. Además, sus palabras también son de esa dimensión, lo cual hace que el verso en Juan 6:63 sea tan importante.

> *La vida es espiritual. Tu existencia física no contribuye a esa vida. Las palabras que les he dicho son espirituales. Son la vida.*
>
> **Juan 6:63**
> (Traducción de la versión Nombres de Dios en inglés)

Nuestra relación con las imágenes es clave para entender muchas cosas, pero asume una importancia especial en lo que se refiere a nuestra confianza en la dimensión material. No me estoy refiriendo a imágenes idolátricas, sino a todo lo que vemos y tocamos aquí en la tierra y que crea una imagen en nuestra mente. En otras palabras, cada vez que conectamos una imagen a un recuerdo o pensamiento establecemos una relación en esta dimensión. Por lo tanto, nuestro vínculo con el mundo físico es la razón por la que creemos que somos de carne y hueso.

Nuestra naturaleza original consiste en recrear el cielo aquí en la tierra, pero para que eso suceda debemos ver Su sustancia como el mundo exterior. ¿Cómo? Eso ocurre cuando te das cuenta de que lo que ves en lo natural es un reflejo de ti. En otras palabras, no estamos separados de lo que vemos cuando somos conscientes de nuestro origen en Él.

Lo que creemos se libera en las imágenes que creamos. Lo cual significa que si crees en la enfermedad, la dolencia y la muerte, el material de esta dimensión cooperará con esa creencia. Además, cuanto más se consumen nuestros pensamientos con estas imágenes, con mayor rapidez nuestra realidad se verá reflejada por esos pensamientos.

Dios todo lo creó a partir de su imaginación y le dio al hombre el mismo poder. Sin embargo, **formamos nuestro estado a partir de lo que pensamos y sentimos, lo cual acaba creando nuestra imagen y no la de Dios. Sólo Dios puede crear externamente porque no hay oscuridad en su interior.**

Abraham creyó cuando estuvo en la presencia de Dios que da vida a los muertos y llama a las cosas que no existen, como si existieran.

Romanos 4:17

(Traducción directa de la Biblia GWT)

Dios nos formó dentro de Su Luz y dimensión para demostrar que nuestros espíritus son uno con el suyo. Esto requiere que lo examines más de cerca para ver las profundidades de quien mora dentro de ti. Nuestros cuerpos físicos albergan a Dios, quien no tiene una imagen externa. Sin embargo, el que no tiene imagen formó la imagen del hombre. Medita en esto por un momento.

Dios creó todo, tanto lo visible como lo invisible, de un ámbito eterno de posibilidades. Nuestras limitaciones son el resultado de nuestra fe y confianza en la dimensión material como nuestra fuente. En otras palabras, **no vemos las cosas como son, sino que las vemos como somos**. Un alma en tinieblas reproduce lo mismo.

Nacemos heredando los temores y las ansiedades que se transmiten de generación en generación en nuestras familias y culturas. Nuestra programación subconsciente crea nuestro mundo a través de nuestra imaginación, la cual es filtrada por la luz del cuarto día.

Desgraciadamente, la mayoría de las personas son inconscientes a esto y creen que las imágenes que ven de las personas, los objetos y las circunstancias son reales. Esto determina la base que empleamos para construir nuestros sueños y deseos, así como para validar nuestras imágenes.

Por ejemplo, si crees que los gobiernos y los médicos son establecidos por Dios para tu bienestar, te formarás imágenes positivas de su importancia para tu seguridad y protección. Por esto, la mayoría de las personas eligen los consejos de los médicos en lugar de la palabra de Cristo.

La conciencia de pecado dentro de las almas de los hombres es construida a partir del temor a la muerte, lo cual significa que la sustancia de todo lo que queremos en este mundo está formada por lo que tememos. Además, **las imágenes que tememos son las que servimos,** ya que los fundamentos de este mundo controlan a las masas con el temor a la muerte.

*Así como los hijos de una familia son de la misma carne y sangre, así también Jesús fue de carne y sangre humanas, **para derrotar con su muerte al que tenía poder para matar, es decir, al diablo.***

De esta manera ha dado libertad a todos los que por temor a la muerte *viven como esclavos durante toda la vida.*

Hebreos 2:14-15 (DHH)

El fundamento de este mundo está construido sobre el temor a la muerte. En el libro de Hebreos, el escritor describe claramente lo que sucedió con la muerte y el temor a ella al momento de la resurrección de Cristo, al destruir no sólo la muerte sino también al diablo. Pero a menos que lo creas, tu vida no será diferente al resto del mundo.

Fig. 11 - Realidad Virtual

Piensa en tu mundo como una "burbuja" formada por tu personalidad, la cual se crea en la oscuridad de este mundo y de tu programación subconsciente. Tu "burbuja" o mundo hace eco de tus creencias, pensamientos e imágenes percibidas y te ofrece una falsa sensación de seguridad como protección.

Tal vez, lo más importante es que el mundo que creamos exalta nuestra imagen y nos aísla de aquellos que pueden desafiar nuestra identidad.

El poder de nuestro mundo o "burbuja" se define por nuestra realidad personal, que conforma nuestra personalidad. Estamos condicionados por el temor a proteger nuestra imagen e ir en pos de los que tienen mayor estatus o posición. Todos los objetos y personajes en nuestra "burbuja" forman parte de la "realidad virtual" que creemos que es real.

Nuestra realidad virtual es como un juego de computador o una película. Nuestros pensamientos y creencias producen el guión y determinan tanto los personajes como sus papeles. Somos tanto el actor como la víctima de nuestra propia película y creemos que todo lo que ocurre es real y está fuera de nuestro control.

La burbuja que creamos funciona con la misma autoridad que se le dio a Adán cuando nombró a los animales. En otras palabras, si creemos que el mundo que creamos es real, este mismo responde haciéndose real.

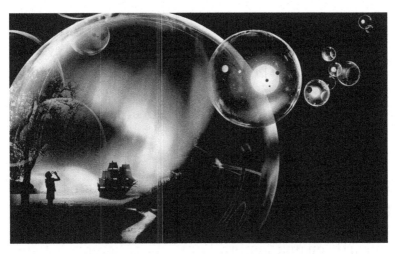

Fig. 12 - Nuestro mundo como una Burbuja

Las personas viven toda su vida creyendo que son víctimas de las circunstancias y condiciones del mundo que crean. Son adictos al drama, incluso cuando éste sea nocivo para su bienestar.

Todo esto ocurre por la autoridad que le concedemos al programa inconsciente que controla nuestras vidas. Podemos cambiar el programa permaneciendo conscientes y asumiendo la responsabilidad de su creación.

La única manera de "reventar" la burbuja es uniéndonos a nuestro espíritu a través del nuevo nacimiento, como se describe en Juan capítulo tres. La verdadera realidad la encontramos dentro de nuestro espíritu y no en las sombras de nuestro mundo.

A. IMÁGENES PROVENIENTES DE LA SOMBRA

La Ley, teniendo la sombra de los bienes venideros, no la imagen misma de las cosas nunca puede, por los mismos sacrificios que se ofrecen continuamente cada año, hacer perfectos a los que se acercan.

Hebreos 10:1

El hombre fue hecho a imagen de su creador, pero su pecado lo convirtió en una sombra. Dejó de ser una imagen de la verdadera Luz, y lo que es aún peor se convirtió en una sombra. Por lo que el hombre le teme a La Luz, y escoge vivir en las tinieblas. (Juan 3:19-1)

La Biblia nos dice que la Ley es una sombra de las cosas buenas que habrían de venir. Jesús vino a cumplir la ley, por lo cual Él es La Luz de la ley que produjo la sombra. Jesús fue la fuente de la ley.

Hasta que Jesús entró milagrosamente en la tierra como el Cordero de Dios, el acceso al Padre estaba limitado a Israel principalmente a través de la Ley de Moisés. No te confundas, la Biblia trata enteramente acerca de la Ley siendo resucitada en Cristo. Por lo tanto, la Biblia no se trata de Israel, David, Moisés o Abraham, sino de Jesús convirtiéndose en el Cristo.

El alma o la conciencia del pecado es la fuente de luz o sabiduría en este sistema del mundo. La Ley fue la herramienta que Dios utilizó para exponer la conciencia de pecado del hombre a la verdadera Luz de Cristo y destruir el dominio de Satanás sobre la humanidad[5].

Esto es lo que quiero que notes, la ley fue la sombra de Jesús mas no la fuente de Su poder. Por lo tanto, todos los sistemas religiosos son sombras que ministran a más sombras.

Las escrituras en Juan nos dicen que Jesús era la Vida y *La Luz* de la humanidad. Por lo tanto, Jesús pagó el precio supremo como el cordero de sacrificio para redimir las almas de los hombres y liberar a todos los que estaban en Él antes de la fundación del mundo.

Los que siguen sistemas religiosos se conforman a la sabiduría de este mundo, porque todas las religiones provienen del alma de los hombres, cuya luz es la oscuridad. El antiguo pacto no presentaba una imagen de Dios, sino una sombra del cuerpo físico de Jesús de Nazaret.

Definimos la transición entre el antiguo y el nuevo

5 Para más información detallada acerca del tema, lea mi libro El Último Adán.

pacto como la ley que se convierte en el Cristo resucitado.

Mateo, Marcos, Lucas y Juan, conocidos como los cuatro evangelios, no son el Nuevo Testamento según lo indican las Biblias, sino el relato de Jesús cumpliendo con la ley y la profecía hechas en el Génesis. Todo el Antiguo Testamento fue el relato histórico de ese evento venidero.

> *Haré que tú y la mujer sean enemigas y que tu descendencia sea enemiga de la de ella. La descendencia de ella **buscará aplastarte la cabeza** mientras tú le tratarás de picar en el talón.*

Génesis 3:15 (PDT)

El nacimiento, la muerte y la resurrección del Mesías están claramente profetizados, registrados y cumplidos en las Escrituras, y de hecho, es la única profecía que importa. ¿Por qué?

Es debido a que el cumplimiento de esa profecía, la cual es la resurrección, transformó por completo las leyes materiales y espirituales que controlaban a la humanidad desde su expulsión del jardín del Edén.

La escritura a continuación ilustra la transición que ocurrió planetariamente luego de la resurrección de Cristo. El Reino de Dios fue reestablecido como la nueva Jerusalén, la cual constituye la guerra de la que se habla en el Apocalipsis y en Pedro.

Pero el día del Señor vendrá como ladrón, en el cual los cielos pasarán con gran estruendo, y los elementos serán destruidos con fuego intenso, y la tierra y las obras que hay en ella serán quemadas.
(elementos es la palabra stoicheia en el griego para rudimentos)[6]

2 Pedro 3:10

En esencia, Cristo le dijo a Pedro que Él era el fuego consumidor que había transformado todas las cosas, incluyendo la muerte y el temor a la muerte. (Hebreos 12:29.)

Jesús, el Cristo, cumplió todas las profecías escritas y no escritas sobre Él y lo manifestó al decir, en la cruz, "está consumado". (Juan 19:30) Esto incluyó la redención de toda la humanidad antes y después del diluvio.

Si consideramos el poder de lo que Cristo realizó a través de su nacimiento, muerte y resurrección más allá de las interpretaciones históricas y teológicas, nuestro gozo será desbordante y permaneceremos en la paz que sobrepasa todo entendimiento.

Recuerdo las emociones que sentía de niño la noche antes de las vacaciones. Mi mente rebosaba de expectativas y visiones de las aventuras que me esperaban en el viaje que emprenderíamos. Las emociones que experimento hoy como resultado de mis experiencias con Cristo resucitado superan con creces aquellas de cuando era niño.

6 Concordancia Strongs #4747

La resurrección de Cristo es la imagen de Dios que reproduce hijos de la resurrección aquí en la tierra. Además, su resurrección limpió y redimió todas las dimensiones visibles e invisibles. Este fue el plan desde el principio entre la Divinidad y todos los que estábamos en Él antes de la fundación del mundo.

La resurrección es la verdadera imagen de Dios y el cumplimiento de todas las escrituras. Pero si tu enfoque se centra en los versículos que hablan de Israel antes de Cristo, concluirás que el Mesías aún no ha venido. Además, estarás confinado por las sombras de la ley y vivirás con sentimientos de condenación.

> *Aparentarán ser piadosos, pero su conducta desmentirá el poder de la piedad. ¡Con esa gente ni te metas!*
>
> **2 Timoteo 3:5 (NVI)**

La imagen de una sombra es una forma de piedad sin poder alguno ni sustancia. La mayoría de las personas en los ámbitos religiosos aman la forma de la religión pero le temen a la sustancia porque nunca han experimentado la resurrección de Cristo.

Las condiciones actuales en todo el planeta reflejan la incredulidad y el temor promovidos por las religiones del mundo occidental. Además, la mayoría de las iglesias cristianas muestran la imagen de un Jesús muerto en la cruz y citan escrituras que no exaltan al Cristo resucitado.

Hay muchos que se identifican como profetas y proclaman futuros eventos de ruina y muerte. No te dejes engañar por los títulos de estas personas porque no conocen al Cristo resucitado, sino al Jesús muerto en una cruz.

Desafortunadamente, el orgullo es el espíritu que impulsa a estas personas y como se menciona en el libro de los Hechos, fue ese mismo espíritu el que mató a Esteban después de hablar sobre la destrucción de su templo.

Todos los sistemas religiosos construyen sus cimientos sobre falsas doctrinas porque no hay sustancia en las sombras. Antes de creer en "palabras proféticas" debes preguntarte si la profecía es de la sombra o de la imagen.

Al resucitar, Cristo le dio las llaves a su Iglesia, pero la religión siempre se interpondrá en el camino como lo hizo en su tiempo. La iglesia siempre ha tenido las llaves del Reino, pero debido a que muchos eligieron comer del árbol del conocimiento del bien y del mal, no habrá nada nuevo bajo el sol para ellos.

> *Pobres de ustedes expertos de la ley, porque se apropiaron de la llave del conocimiento acerca de Dios. Ustedes mismos no entraron ni tampoco dejaron entrar a los que estaban tratando de hacerlo.*
> **Lucas 11:52 (PDT)**

Pero estas son las buenas noticias. Si crees que Dios inundó la tierra, entonces debes creer que lo que hizo Jesús en su resurrección fue más poderoso. La validez de esa declaración se revela en el número de días de estos eventos sobrenaturales.

Porque dentro de siete días haré que llueva sobre la tierra durante cuarenta días y cuarenta noches, y así borraré de la faz de la tierra a todo ser viviente que hice.

Génesis 7:5 (NVI)

Como mencionamos anteriormente Cristo caminó sobre la tierra durante cuarenta días reestableciendo la gloria, lo cual es exactamente el mismo número de días que llovió sobre la misma. Recuerde, que "gloria" es la palabra para la resurrección.

Y después de muerto se les presentó en persona, dándoles así claras pruebas de que estaba vivo. Durante cuarenta días se dejó ver de ellos y les estuvo hablando del reino de Dios.

Hechos 1:3 (DHH)

Porque la tierra será llena del conocimiento de la gloria de Jehová, como las aguas cubren el mar.

Habacuc 2:14

Dios se revela en todas las formas posibles a la humanidad y muchas veces ha sido a través de los números. Quizás sea porque nuestro planeta funciona según la velocidad de la luz que nos confina matemáticamente dentro del tiempo y el espacio.

Los números no son mágicos, sino que son herramientas perfectas creadas por Dios como una señal para aquellos que se les dificulta recordar quiénes son en Él.

Dios creó esta dimensión material para que toda la creación experimentara Su gloria y Su resurrección. Hoy puedes cambiar tu imagen por la Suya. ¿Y cómo lo haces? Escudriñando las palabras de Jesús, cuyas palabras son espíritu y vida.

La mayoría de las personas se forman una imagen o identidad del mundo exterior, y por lo general, en algún momento de su vida necesitan ser salvados de esa imagen que han creado. Van a una iglesia y son introducidos a una imagen de Jesús a través sus doctrinas, mensajes, escrituras y otras personas.

Ahora tienen una imagen que rescata su imagen. Este es el resultado de las iglesias que aún enseñan las escrituras de la ley porque no están familiarizados con Cristo en Su gloria.

Recuerda, que la ley crucificó a Jesús para que se convirtiera en el Cristo y así cumplir con el siguiente versículo de Hebreos.

> ***El Hijo es el resplandor de la gloria de Dios, la fiel imagen de lo que él es***, *y el que sostiene todas las cosas con su palabra poderosa. Después de llevar a cabo la purificación de los pecados, se sentó a la derecha de la Majestad en las alturas.*
>
> **Hebreos 1:3 (CST)**

El Cristo resucitado se convirtió en el último Adán y conservó la imagen y semejanza de su Padre. Esa es la única imagen que necesitaremos siempre, pero ¡ojo!, Él no tiene imagen.

Nacemos de ARRIBA

A. EL LIBRE ALVEDRÍO NO ES LIBRE

Si creemos en las escrituras que describen nuestro origen en Él desde antes de la fundación del mundo, nuestra situación actual debería reflejar esa postura. (Efesios 1:4)

La única razón por la que no lo hace es porque nos sometemos al programa formado por la conciencia de pecado preinstalado en nuestras almas. ¿Qué significa esto?

La Deidad hizo al hombre a su imagen y semejanza con la libertad de elección. Todo eso fue parte del plan majestuoso antes de la fundación del mundo, pero requeriría del sacrificio final de Jesús, que fue terminado antes de que llegáramos a nuestro cuerpo físico.

Esto significa que tu condición física y tus circunstancias no son las que te definen. Jesús vino e hizo la voluntad de Su Padre, estableciendo Su Reino. Además, Su resurrección también nos liberó de las consecuencias de nuestra incredulidad.

Ésta creó el pecado y corrompió el linaje de toda la humanidad, pero las buenas nuevas es que el "último" Adán pagó el precio definitivo para redimir lo que se había perdido.

Las palabras de Jesús son más que simples palabras porque eliminaron la autoridad de la conciencia del pecado como la única opción de la humanidad. Sin embargo, a menos que tomes la decisión de dejar de pensar y creer las mentiras de este mundo nada cambiará.

El libre albedrío es libre cuando lo que escogemos surge de nuestro origen antes de la fundación del mundo. Todas las elecciones dentro de la tercera dimensión tienen consecuencias, porque se formaron en la dualidad.

Jesús predicó sobre el Reino pero también hizo una poderosa declaración para acompañarlo: Dijo que el mismo requería de ojos para verlo y oídos para oírlo. A menudo lo leemos y lo oímos, pero ¿realmente comprendemos la magnitud de esa declaración?

> *Pero hasta este día el Señor no os ha dado mente para entender, ni ojos para ver, ni oídos para oír.*
>
> **Deuteronomio 29:4 (CST)**

El sistema de este mundo es codificado en nuestras almas y mentes al nacer y funciona como un software encriptado. El resultado es que estamos ciegos y sordos a la Luz y al sonido del Espíritu.

> *Porque el corazón de este pueblo se ha engrosado,*
>
> *y con los oídos oyen pesadamente, y han cerrado sus ojos; Para que no vean con los ojos, Y oigan con los oídos, Y con el corazón entiendan, y se conviertan, y yo los sane.*
>
> **Mateo 13:15 (DHH)**

Jesús parafraseaba las palabras de Isaías al describir la condición religiosa de los judíos. Te sorprenderá saber que nada, en lo que respecta a nuestra condición de nacimiento, ha cambiado desde el día en que Jesús pronunció esas palabras.

Nacemos ciegos y sordos espiritualmente y nuestra condición seguirá siendo la misma a menos que decidamos cambiar nuestros pensamientos. ¿Cómo se cambian los pensamientos? Debes renacer por el agua y el Espíritu como se explica en Juan capítulo tres.

No fue hasta que empecé a meditar en la siguiente escritura que mis ojos y oídos fueron transformados.

> *El Espíritu es el que da vida, la carne no tiene nada que ver en eso. Las palabras que les he dicho vienen del Espíritu y por lo tanto dan vida.*

Juan 6:63 (PDT)

¿No es de extrañar que la mayoría de las personas que intentan leer o entender las Escrituras lo encuentran difícil? Esto se debe a que somos educados y entrenados a través de nuestros sentidos naturales, que no están diseñados para discernir las cosas espirituales.

La mayor parte de lo que se nos ha enseñado a creer con respecto a las Escrituras y sobre nuestra identidad son inexactas. De hecho, esas ideas preconcebidas nos impiden movernos libremente entre el cielo y la tierra en el ahora.

Por ejemplo, se nos enseña a confiar en nuestros sentidos para sobrevivir, mucho más que a ser guiados por el Espíritu Santo. No hay escuelas que te entrenen espiritualmente dentro de la tercera dimensión. ¿Por qué? Nadie puede entrenar a nadie espiritualmente desde una dimensión que le teme a la muerte. Por eso la mayoría de las iglesias se han convertido en un negocio y no en una escuela de formación espiritual, lo cual ha contribuido a la corrupción del evangelio.

El verdadero entrenamiento ocurre espiritualmente cada vez que retiramos nuestra atención del mundo material para estar presentes en el eterno ahora. Y para que esto suceda debemos vivir por la fe en lugar de por las leyes que rigen este mundo. Esto requiere de una manera de pensar totalmente ajena a este mundo.

Sin embargo, nuestras emociones y sentidos son utilizados por Dios para crear un hambre mayor por Él. Esto suele ocurrir después de que agotamos otras opciones, lo que generalmente nos introduce a experiencias con traumas emocionales como, la enfermedad, el divorcio, la traición y la bancarrota.

En otras palabras, la mayoría de las personas descubren el vacío de este mundo antes de volverse hacia la abundancia dentro de una vida de fe.

Los investigadores afirman que somos conscientes del momento presente diez segundos de cada minuto. Lo cual significa que durante cincuenta segundos nos dedicamos a perseguir pensamientos que impiden que conozcamos a Dios. Esa condición mejora a medida que aumenta la atención para captar cada momento fugaz.

Donde colocamos nuestra atención es donde gastamos nuestra energía espiritual. A medida que estudias este libro algo empezará a suceder en ti, ya que fuiste seleccionado en Él y estás siendo expuesto a una *Luz* diferente, que está removiendo el velo de tus ojos.

Todos hemos visto los anuncios con fotografías del "antes y el después" de personas que se ven o se sienten fabulosas después de utilizar los productos XYZ. Las fotos del "después" nos convencen que nuestra transformación física está a sólo una llamada telefónica. El ser humano es un consumidor nato y la economía lo ha llevado a otro nivel.

Toda la publicidad es muy eficaz porque desde el nacimiento nos enseña que la ciencia y la tecnología pueden crear algo en el laboratorio para mejorar nuestra vida. Además, la creencia de que somos materiales produce el deseo insaciable de tener más para mantener y mejorar nuestra vida.

Sin embargo, la verdad es que nacemos en el "después", totalmente equipados para operar en el cielo y en la tierra, pero la incredulidad nos provoca percibir nuestra imagen como el " antes". Somos el "después" y no necesitamos el producto XYZ del exterior para mejorar lo que Cristo nos proporcionó en Su resurrección. Debemos dejar de buscar fuera de nosotros los tesoros que ya poseemos internamente. Si por el contrario, creemos que somos la imagen que vemos en el espejo, seguiremos buscando en lo externo las soluciones a nuestros problemas percibidos.

El libre albedrío está en el centro de todos los dilemas humanos debido a los sentimientos de carencia. El miedo a no tener lo que podamos necesitar para sobrevivir se convierte en una motivación para consumir desde el nacimiento hasta la muerte.

El temor a la muerte es el elemento central en el que

la mayoría de las personas piensa la mayor parte del tiempo, pero que rara vez menciona en público. De hecho, es el marco de todas las decisiones y leyes que conforman nuestro mundo y nuestra manera de pensar.

Por esto, es por lo que las poblaciones del planeta continuamente escudriñan su entorno en busca de cualquier cosa que pueda constituir una amenaza para su vida. En la mente de las personas, el desastre puede tomar la forma de cualquier elemento desconocido o aterrador.

Además, la mayoría vive su vida esperando el peor resultado posible de las circunstancias que no pueden controlar o prever. Es por esto por lo que repiten las mismas conductas predecibles y se quedan en el pasado. Piensan que no pueden controlar lo que nunca han experimentado, por lo que es mejor vivir en el pasado, lo cual da lugar a un futuro que se asemeja a lo que ya vivieron.

Por lo tanto, la gente revive su pasado esperando lo peor mientras espera un milagro. Esta es la mentalidad de las personas que apuestan y juegan a la lotería aunque saben que las posibilidades de ganarla son muy remotas. Ponen su fe en la suerte en vez de en la resurrección.

Las personas apuestan por las riquezas de este mundo porque creen que el dinero los protegerá de su temor a la muerte. La mentalidad proveniente de la conciencia del pecado siempre busca su salvación en el sistema creado para robar, matar y destruir a todos los seres humanos. Mientras que algo tan simple como creer y reconocer la obra terminada de Cristo los inundaría de Su presencia y atraería sobre ellos el poder de Su resurrección.

Adorar no es cantar tanto como sintonizar la frecuencia del cielo y celebrar Su obra terminada, que incluye tu victoria sobre el mundo. Podemos caminar en esa victoria cambiando nuestra atención de lo externo a lo interno, de lo físico a lo espiritual.

Todos estamos hipnotizados al nacer para creer y confiar en nuestros sentidos y para seguir a las multitudes que nos han precedido en busca de los tesoros del mundo. Este mundo no puede mejorar ni proporcionarnos nada más valioso que esa perla que reside dentro de tu espíritu en este momento.

La generación de resurrección es la que celebra Su Reino ahora con la plena seguridad de que Cristo le volvió a su origen. Son libres de las leyes de este mundo porque ya no tienen temor.

B. IMAGENES SIN LUZ

Cada uno de nosotros tenemos ciertamente una imagen propia, pero está ocultada por la imagen de Nuestro Padre. Medita en el verso según Tomás a continuación.

> *Jesús ha dicho: Las imágenes se manifiestan a la humanidad y la luz que está dentro de ellas se esconde. El se revelará a sí mismo en*

*la imagen de la luz del Padre, pues su imagen
se esconde por su luz.*

Tomás 83 Apócrifo

**La realidad de lo que eres es La Luz del primer
día, que está dentro de nuestro espíritu, y no
fuera en el mundo material.** Dios creó al hombre
completo, sin que le faltara nada, pero la duda y la
incredulidad cambiaron nuestra concientización, lo
que alteró dimensionalmente nuestro ancho de banda.

En otras palabras, nuestro origen espiritual funciona
más allá de la velocidad de la luz, que define y restringe
esta dimensión. Por lo tanto, las frecuencias aquí en
la tierra no se comparan con las de nuestro origen.

Por consiguiente, la luz de la que dependemos desde
el cuarto día está destruyendo nuestro entendimiento
espiritual. Al fin y al cabo, esta dimensión y el planeta
no son nada más que un reflejo de la verdadera *Luz*.

**Cada vez que elegimos creer en imágenes de
nuestro mundo externo o natural, perdemos el
ancho de banda o la frecuencia que necesitamos
desesperadamente para acceder al Reino invisible.**

Nuestra fuente es *La Luz* o el Espíritu, que hace
que nuestros cuerpos sean una conexión a tierra
o un conducto eléctrico para la frecuencia de la
Luz. Recuerda que toda la materia está formada
por átomos que son fragmentos de energía y que
son más espíritu que materia. Nuestros cuerpos

emiten campos de radiación, que se asemejan a anillos electromagnéticos similares a los que rodean al planeta Saturno.

Estos campos de luz son tanto una antena como un receptor para las dimensiones espirituales invisibles. Estas aumentan y disminuyen en tamaño y fuerza de acuerdo con lo que el corazón y la mente creen.

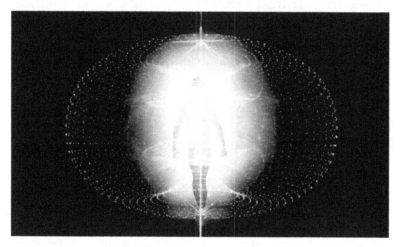

Fig. 13 - Campo electromagnético conectado espiritualmente

Imagínate como una batería conectada a una estrella que fue creada para brillar eternamente. La batería está conectada a Dios, la fuente de toda la vida, pero si esa conexión se rompe, la estrella empieza a morir y finalmente cae del cielo.

Si elegimos creer que el mundo es la fuente de nuestra felicidad, poder y riqueza, nuestra conexión y poder con la dimensión espiritual disminuirán. Además, cuanto más nos conformamos con el sistema del mundo, más estrés experimentamos, lo cual nos drena más energía hasta deteriorar nuestros cuerpos físicos.

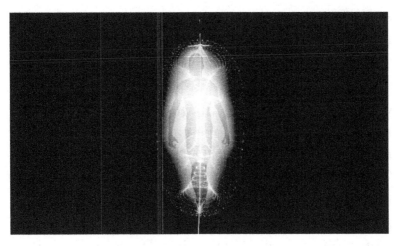

Fig. 14 - Al estar conectados con el mundo material se reduce nuestro campo electromagnético

El pensamiento y las creencias incorrectas son el resultado de nuestra separación de la fuente de la verdadera Luz de Dios. Por lo tanto, nuestros cuerpos son el reflejo físico de lo que creemos. Por ejemplo, si creemos y estamos convencidos de que debemos vacunarnos contra la gripe para protegernos de esta enfermedad, es porque hemos creado una realidad personal o una personalidad que se enferma. Esa separación de la verdad nos conlleva a sucumbir ante la enfermedad y la dolencia e incluso al envejecimiento.

Nos enseñan al nacer que la acumulación y el consumo del mundo generan la felicidad y el éxito y esa presión hace que la gente mienta, estafe, robe y engañe. Esta exigencia estresante se ha reproducido en todas las civilizaciones de la tierra desde la caída del hombre.

Además, los programas subconscientes que dirigen nuestra personalidad siempre anticipan el peor escenario posible en cada circunstancia debido a nuestra adicción a sentimientos de pérdida, traición, enfermedad, ira y la muerte.

Sin embargo, cuanto más te familiarices con tu naturaleza espiritual, te darás cuenta de que tus pensamientos son capaces de producir inmunoglobulina, o IGA, que es cien veces más fuerte que cualquier vacuna contra la gripe.

Lo fundamental es esto, **si los pensamientos te pueden enfermar, entonces también te pueden sanar.** Nuestro propósito singular como hombres es vivir por medio de *La Luz*, en armonía con toda la vida. Esto incluye la salud divina no sólo para ti sino para los que te rodean.

La conciencia colectiva de este mundo es el producto de la oscuridad a partir de los fundamentos del temor y la muerte. Jesús, como La Palabra no vino a condenar al mundo sino a traer *La Luz* de la reconciliación.

Cada día nos despertamos con los mismos dos árboles que estaban en el huerto original. Por lo tanto ¿Elegirás según tus sentidos o según el espíritu? Nuestra elección será determina por la luz que utilizamos para discernir la verdad.

Las sombras de esta dimensión crean imágenes que nutren y alimentan nuestros sentidos, y que velan nuestros ojos y oídos para no ver ni oír *La Luz* de nuestro origen.

El mundo come del árbol del conocimiento del bien y del mal cada vez que le cree a la sabiduría de la luz de este mundo. La enfermedad, las dolencias, el amor al dinero, y la muerte son las mentiras que creemos con el entendimiento este mundo.

La Luz y el Verbo son Uno y este es nuestro origen y es lo que ilumina y gobierna nuestra manera de pensar. Si estamos en Él antes de la fundación del mundo nuestra vida es completa, no fragmentada, ni dividida, ni enferma, ni moribunda, ni nada por el estilo que produzcan tinieblas.

Por lo tanto, cuando ves la plenitud, *La Luz* que te gobierna proviene de Su Espíritu. Dios me ha mostrado destellos de Su Imagen que no tiene forma pero que a la vez contiene todas las formas.

En otras palabras, lo que es nada se vuelve el todo cuando lo ves a Él.

LA PLENITUD
y LA SEPARACIÓN

A. COMPONENTES ESPIRITUALES Y FÍSICOS

Recuerdo que a una temprana edad mis padres me regañaron por acercarme mucho al agua, temiendo que me fuera a ahogar. Mi madre vigilaba todos mis movimientos cerca del agua para protegerme de su temor. Aunque la verdad es que los bebés nacen nadando y son capaces de nacer bajo el agua.

Mis padres aprendieron este temor de sus propios padres, que lo aprendieron de los suyos, y así sucesivamente a lo largo de varias generaciones.

Por lo tanto, nuestras percepciones del entorno se forman tanto mental como físicamente a partir de nuestros padres y sus padres antes que ellos.

Los padres creen que la mejor manera de prevenir un desastre es programar a los niños para que tengan miedo. El resultado es que la mayoría de los niños nacen en este mundo con los temores, las creencias, las actitudes y las metas depositadas como códigos informáticos en su subconsciente, de la mentalidad del mundo.

A estas alturas ya sabes que eres un espíritu. Es más, ahora estas más consciente de esa realidad que cuando empezaste a leer este libro.

Pero las circunstancias que puedes estar experimentando te impiden volver a entrar en esa posición en Él. Examinemos nuestro diseño para corregir todo lo que está fuera de orden.

Empecemos leyendo lo que Jesús nos dice sobre los diversos componentes del hombre con relación a la plenitud y la adoración.

> *Jesús contesto, "El mandamiento más importante es: '¡Escucha, oh, Israel! El Señor nuestro Dios, el Señor **es uno!***
>
> *Ama al Señor tu Dios **con todo tu corazón, con toda tu alma, con toda tu mente y con todas tus fuerzas'".***
>
> **Marcos 12:29-30 (NBV)**

No se puede sobreestimar la importancia de Dios como Uno solo porque nuestro origen proviene de esa imagen y semejanza. Jesús sabía que la única manera en que el hombre pudiera estar completo es adorando en una secuencia divina empezando con el corazón, alma, mente y al final el cuerpo.

Por favor noten que la razón por la que nuestras vidas están fragmentadas y separadas de Dios es por causa del orden que utilizamos hoy en día cuando tomamos decisiones lo hacemos al revés, incluyendo el amor, primero nuestro cuerpo, y luego la mente y al final el corazón.

El espíritu, el alma y la mente son los componentes diseñados para trabajar en armonía con nuestro "vestidura terrenal" llamados cerebro y cuerpo. Adán fue formado en la dimensión material pero revestido de gloria. Eso lo hizo ser "uno" con el cielo y la tierra.

El espíritu, el alma y la mente están diseñados para funcionar simultáneamente en los ámbitos visibles e invisibles, mientras observan de forma consciente el mundo material.

En otras palabras, nuestros componentes espirituales son multidimensionales y no están confinados por las leyes de esta dimensión. Voy a invitarte a meditar en esto para comprender plenamente el significado de este diseño. Pero créeme que no estarás perdiendo tu tiempo.

Jesús ha dicho: Conoce lo que está enfrente de tu rostro y lo que se esconde de ti se te revelará. Pues no hay nada escondido que no será revelado, y nada enterrado que no será levantado.

Tomás 5 (Apócrifo)

El alma es donde construimos nuestra persona o personalidad. Es el lugar donde definimos quiénes somos y en qué creemos. Jesús estaba muy consciente de su alma porque sabía que era la parte más vulnerable de Adán. Es muy importante que te des cuenta de esto. Antes de la resurrección de Cristo, satanás gobernaba las dimensiones que afectaban los pensamientos del hombre, por lo que Dios inundó la tierra y cambió su diseño original.

La Biblia nos habla de un segundo cielo, que en mi opinión es la dimensión que influye en el pensamiento. Su resurrección limpió toda dimensión celestial permitiéndole al hombre el acceso a Su gloria y frecuencia.

Por lo tanto, cuando experimentó emociones distintas a la del gozo, Jesús supo que se trataba de un ataque satánico. En la siguiente escritura encontramos a satanás apuntando con ansiedad al alma de Jesús antes de ir a la cruz. Quiero que observes este verso y veas la parte en que Jesús encontró la alegría en su inminente sacrificio.

Ahora mi alma está muy entristecida. ¿Acaso debería orar: "Padre, sálvame de esta hora"? ¡Pero esa es precisamente la razón por la que vine! **Padre, glorifica tu nombre.**

Entonces habló una voz del cielo, "Ya he glorificado mi nombre y lo haré otra vez".

Juan 12:27-28 (NTV)

¡¡¡WOW!!!! Si había alguien que entendía la autoridad sobre la muerte era el Cristo resucitado. ¿Entonces, no deberíamos ejercer el mismo nivel de confianza cada vez que nuestras almas están atribuladas? Empieza ahora a resistir el miedo en cualquier tipo de forma y tu vida se transformará.

La mente es la antena del alma y atrae la frecuencia equivalente a la del alma.

Por ejemplo, las vibraciones del temor activan la mente para construir un campo magnético alrededor del cuerpo que atrae la señal del temor en forma de enfermedad, accidentes, divorcio, pérdida de trabajo o muerte.

Fig. 15 - El alma y la mente son la antena

El alma y la mente de toda la humanidad nacida en este mundo son siervos de la conciencia de pecado del mundo. Además, la mayoría de la gente o la concienciación colectiva del mundo actúa dentro de la conciencia pecaminosa de la incredulidad, el temor y la muerte.

Somos inconscientes de nuestros pensamientos negativos, temerosos, homicidas, sospechosos, enojados, destructivos y carecientes de fe. Además, para cuando llegamos a los 35 años somos un conjunto programado de ideas, creencias, actitudes, temores y rutinas, y el 95% de lo que creemos se origina en esos programas inconscientes.

Esto significa que el programa subconsciente de la incredulidad instalado al nacer nos ha condicionado a creer que lo que pensamos y creemos es auténtico y normal. El término subconsciente es la mente que está dormida y que funciona como un piloto automático en un avión.

De nuevo, nuestras mentes han sido anestesiadas por el pecado y operan en piloto automático. La mente reproduce en el cuerpo lo que el alma ha sido programada para creer. El alma crea las frecuencias y la mente transmite las señales.

En otras palabras, el alma del hombre es el centro del temor y esa es la vibración y la frecuencia que esta produce día y noche. La mente amplifica esa frecuencia en el cuerpo y el cerebro, que forma el campo electromagnético que nos rodea y atrae la misma señal que transmitimos a nuestro mundo.

El cerebro es para el cuerpo lo que la mente es

para el alma. En otras palabras, si tocas una estufa caliente, la imagen del dolor está relacionada con esa experiencia. El cerebro almacena las imágenes de dolor asociadas con una estufa caliente como un archivo de computadora y el cuerpo produce la sensación de dolor. La conexión se establece en el cerebro entre la imagen y la sensación y con el tiempo, el cuerpo puede responder a la imagen sin ningún contacto físico con la estufa.

Además, el cerebro iguala las sustancias químicas a las sensaciones que libera el cuerpo. Por ejemplo, si se siente triste, deprimido, victimizado, abandonado o solo, esos sentimientos activan el hipotálamo en el cerebro que hace que los químicos sean iguales a la emoción. Después de un período de tiempo, el cuerpo reacciona sin los químicos del cerebro convirtiéndolo en la mente inconsciente. En otras palabras, el cuerpo responde a los sentimientos sólo con el pensamiento. Por esta causa es por lo que las personas pueden tener un ataque de pánico sólo con el pensamiento.

El cerebro y el cuerpo están formados por el material de la tercera dimensión, lo que significa que están restringidos por las mismas leyes que rigen toda la materia. Nada del mundo físico puede resolver una condición espiritual. Sin embargo, todo está conectado con el Padre de todos los Espíritus. Las investigaciones del entrelazamiento lo demuestran perfectamente.

Muchas iglesias y organizaciones religiosas animan a sus seguidores a inscribir a sus hijos en sus escuelas. La razón de ello es supervisar la descarga de programas, de modo que se aseguren que el niño reproducirá sus creencias, actitudes y comportamiento en la vida.

Este método funciona para reproducir los sistemas religiosos, mas no resolverá la conciencia pecaminosa de todos los que nacen en este mundo.

Esto es de vital importancia, porque aquellos que pasan su vida física volviéndose sabios bajo la luz de este mundo, siempre estarán condicionados por las sombras. Recuerda esto, cuando escuches a los "expertos" de este mundo proclamar que tienen las respuestas para tu vida.

Ahora estás despertando a la razón por la que experimentas carencia, desesperación e incredulidad.

Hay una frase en la tecnología de las computadoras llamada "borrar el disco duro". Esto generalmente ocurre cuando una computadora tiene un virus. Nuestra mente tuvo su memoria borrada por un virus llamado el pecado, que se infiltro en el alma de todos los hombres después de Adán.

Pero la buena noticia es que cuando Cristo resucitó, nos dio la capacidad de tener memoria total. ¿Cómo? A través de Su agua y de Su espíritu, lo cual resulta en el nuevo nacimiento. Sabrás cuando esto ha ocurrido en tu vida, porque podrás adorarle con tu corazón, alma, mente y cuerpo.

B. EL LENGUAJE DE LOS VERBOS

Dios te hizo dinámico tanto en lo físico como espiritualmente. La palabra dinámico significa en constante movimiento. Por ejemplo, a nivel molecular corporal cambiamos de piel cada mes, un nuevo hígado cada seis semanas y un nuevo revestimiento estomacal cada cinco días, pero desafortunadamente, los nuevos órganos se forman de acuerdo con la condición en que se encontraban, lo cual es el resultado de lo que creemos. A menos que cambiemos el origen de nuestras creencias, el resultado siempre será el mismo.

En otras palabras, a nivel celular los órganos y el esqueleto del cuerpo cambian completamente cada año. De hecho, todo en el mundo material está cambiando, lo que significa que nuestro lenguaje debería consistir únicamente en verbos para describir nuestra relación con la vida en este planeta.

Pensemos por un momento, uno de los primeros lugares en la Biblia que habla del lenguaje es Babilonia. El lenguaje mismo fue creado como un medio para exaltar al hombre sobre Dios. Vino como producto de haber unido sus corazones y mentes para separarse de su Creador.

¿Significa que debemos ser analfabetos o incapaces de comunicarnos? La respuesta es obvia, dado que utilizo el lenguaje para escribir. Sin embargo el poder del lenguaje va mucho más allá que la construcción de frases y la educación.

Dios nos habla de espíritu a espíritu y la manifestación de esa comunicación es la fe que expresamos a través de nuestras acciones. Habrás oído la expresión "no escucho lo que dices porque tus acciones hablan demasiado fuerte". Creo que esto es muy cierto. **Nuestra fe es el verbo que demuestra que escuchamos a Dios.**

Además, debemos aceptar lo desconocido, porque ahí se encuentra Su Reino y nuestra libertad. Cuanto más comprendas tu verdadero ser como espíritu, menos apegado estarás a este mundo material que siempre está cambiando.

Nuestro problema comienza al nacer, porque olvidamos nuestro origen y comenzamos la rutina de la vida, que nos exige encontrar seguridad y protección en este planeta siempre cambiante llamado tierra.

A medida que desentrañes la programación inconsciente que ha velado tu verdadera naturaleza espiritual, verás una realidad mucho mayor a la que nos han enseñado.

Somos ante todo seres espirituales, no sólo un cuerpo y un cerebro. Tenemos un diseño y un destino divino que nos llama a recordar esa realidad y ese origen. Ese trayecto te reconectará con la plenitud que anhelas desesperadamente.

C. LA UNICIDAD DE DIOS

¿Has visto alguna vez cientos de pájaros volando como uno solo en grupos enormes? La extraordinaria acción de la unidad se produce cuando todos giran a la vez en la misma dirección y al mismo tiempo. Lo primero que pensé fue cómo era esto posible. La ciencia le llama a este fenómeno "patrón emergente" y las investigaciones demuestran que ocurre tanto en la naturaleza como en nuestro cuerpo.

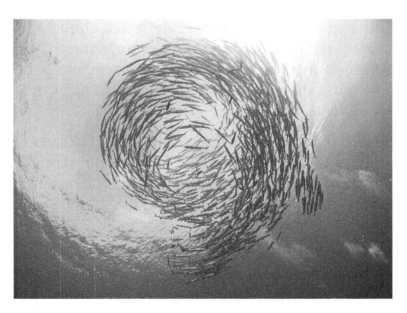

Fig. 16 y 17 - Aves y peces demostrando el patrón emergente

La definición de **patrón emergente** según el diccionario de Cambridge es: "El hecho que algo o alguien aparezca saliendo de detrás de algo". En otras palabras, tanto las partes visibles como las invisibles de un todo pueden cambiar o transformarse en una forma o figura de forma espontánea.

Este tipo de fenómeno desconcierta especialmente a la ciencia, cuyo único objetivo es desarrollar modelos y fórmulas que predigan con exactitud todo lo que ocurre en su mundo. Esa obsesión tiene su origen en el temor a lo desconocido. La búsqueda de la previsibilidad es el sello de la ciencia y lo que la sociedad desea para sentirse segura.

Por lo tanto, al descubrir algo ajeno a su capacidad de controlar o predecir, rápidamente buscan un término para describir lo desconocido. En otras palabras, cada enfermedad y dolencia debe ser etiquetada y categorizada con un nombre o un "número". La profesión médica hace esto constantemente para transmitir un mensaje de seguridad y así aplacar el temor de la humanidad.

Sin embargo, *patrón emergente* muestra la "unicidad" de Dios y es descrita por Pablo al demostrar la autoridad de Cristo dentro de nuestras dimensiones naturales.

> *Porque, por medio de Él, Dios creó todo lo que existe en los lugares celestiales y en la tierra. Hizo las cosas que podemos ver y las que no podemos ver, tales como tronos, reinos, gobernantes y autoridades del mundo invisible. Todo fue creado por medio de Él y para Él. Él ya existía antes de todas las cosas y mantiene unida toda la creación.*

Cristo también es la cabeza de la iglesia,
la cual es su cuerpo.

Él es el principio, supremo sobre todos los
que se levantan de los muertos. Así que
Él es el primero en todo. Pues a Dios, en
toda su plenitud, le agradó vivir en Cristo.

Colosenses 1:16-19 (NTV)

Las partes en negro son más profundas de lo que las palabras podrían describir. Estos versos demuestran la abrumadora autoridad de Cristo antes de la creación y después de la resurrección.

En todas las cosas vemos Su autoridad funcionando como la consciencia de Cristo a través de todas las dimensiones de la creación. No hay duda alguna que cuando observamos la naturaleza moviéndose como una sola sin un líder visible es porque la creación responde a su Creador.

No hay nada creado por Dios que esté por encima de la autoridad de Cristo. El fenómeno conocido como patrón emergente es sólo un ejemplo de cómo Dios demuestra Su poder y Su gloria en el mundo visible.

Por lo tanto, al mirar fuera de nosotros mismos debe ser para ver la totalidad y no los fragmentos, dado que la separación es el inicio de la división y el estrés, lo cual es la receta para la enfermedad y el materialismo.

Esto es lo que quiero que leas y comprendas. Dios nos diseñó para responder a Sus pensamientos de forma tan natural y sin esfuerzo como las aves. De hecho,

Él dice que somos más valiosos que los pájaros a los cuales Él alimenta y provee de refugio. (Mateo 6:26)

Debemos entablar esa concienciación de Su incognoscible amor y gracia para entrar en ese lugar de reposo. Y esto es más real ahora que nunca. Permítame compartirles el porqué.

En esta temporada de la gracia de Dios hay un nuevo viento que acompaña el vuelo de las aves y los movimientos de los peces. Dios está haciendo mucho más de lo que podemos pedir o imaginar en esta generación.

Recuerdas en Génesis que en el quinto día Dios creó las aves así como los animales marinos y los peces. ¿Por qué es importante esto?

Asociamos el número cinco con la gracia de Dios. Las criaturas formadas en ese día son la señal visible de la gracia de Dios para nosotros. Por ejemplo, los pájaros cantan en armonía con melodías que no conocemos ni entendemos. Las ballenas y los delfines cantan y se mueven al ritmo de los sonidos y las vibraciones de los mares.

La belleza de los océanos y sus criaturas se refleja y se escribe en innumerables sonetos y poemas. Todas las criaturas que navegan por los cielos y las aguas lo hacen por Su solo pensamiento y diseño perfecto.

Como hijos del hombre, somos incapaces de comprender las profundidades de los invaluables tesoros de Dios; pero todo ello cambia al entrar en Su Reino. Todos los misterios del universo son avivados dentro de nuestro espíritu para atestiguar visiblemente la incomparable gracia y misericordia de Dios. El siguiente verso será mucho más poderoso ahora que sabes la magnitud de Su amor hacia nosotros.

> *Miren los pájaros. No plantan ni cosechan ni guardan comida en graneros, porque el Padre celestial los alimenta. ¿Y no son ustedes para él mucho más valiosos que ellos?*
>
> **Mateo 6:26 (NTV)**

Una vez que comprendí las profundidades de esta escritura, mis ojos se abrieron al hecho de que cualquier intento que pudiera hacer para controlar mi vida era la expresión más alta de la incredulidad. ¿Por qué? Porque Dios me dio Su Reino y cualquier esfuerzo de mi parte para mejorar o controlar ese regalo me descalifica de poder entrar en Su reposo.

> *...que dominen a los peces del mar y a las aves del cielo, y a todos los seres vivos que se arrastran por el suelo.*
>
> **Génesis 1:28 (TLA)**

Tenemos dominio sobre las aves, lo que significa que **somos uno con la mente de Dios y se nos ha concedido la libertad de unir nuestros pensamientos con los suyos.**

Dios no comparte sus secretos con quienes viven separados o independientes. Por lo tanto, mi confianza en Él es absoluta, lo cual significa que debo renunciar a cualquier pensamiento que me separe de esa unicidad.

Todo juicio, incredulidad, duda, o temor, son formas de separación de la plenitud y totalidad la cual me hace Uno con Él. Ese esfuerzo consciente me ha abierto los portales del cielo para ser testigo de Su Reino en su majestuosa Unicidad.

Mis momentos despiertos los paso en la haciéndome consciente de que el Creador del cielo y la tierra vive en mi interior. Aguarda un momento, no sé si me escuchaste? Dios está dentro de mí y tan sólo esa concientización produce la Unicidad.

¿Significa que debo estar consciente de ello todo el tiempo? Por supuesto que no, pero cuando eso sucede, me tomo un momento para respirar Su gracia y Su misericordia. Ese acto me reposiciona en el eterno momento presente de la Unicidad.

La separación que Jesús sintió en la cruz fue real y de esta misma manera debemos defender nuestra Unicidad con Él. Por lo tanto, cuando te sientas aislado, abandonado, temeroso o perdido de Él, detente y acuérdate de Su resurrección.

Amigo puedo asegurarte de que el establecer este lugar EN ÉL no deja duda alguna que todo ha sido orquestado para darle a Él la Gloria y el honor. Dios no ha dejado nada al azar por Su gran amor hacia nosotros.

Está en paz porque estas justo donde debes estar para experimentar ese gran amor.

D. LA RESURECCIÓN RÉSTAURA LA PLENITUD

La Biblia dice que todos estamos conectados al Padre de los espíritus porque somos espíritu, pero nuestro nacimiento físico nos separa de esa relación con un muro invisible que nuestros sentidos no logran detectar.

> *Después de todo, aunque nuestros padres humanos nos disciplinaban, los respetábamos. ¿No hemos de someternos, con mayor razón, al Padre de los espíritus, para que vivamos?*
>
> **Hebreos 12:9 (CST)**

La obsesión con la dimensión material agrava nuestra separación haciéndonos olvidar la unicidad que una vez compartíamos con el Padre. Hemos hablado de la unicidad como el lugar de la paz y la sabiduría, sin embargo, es la individualidad la que es celebrada y venerada en la tercera dimensión.

Como dije antes, esta dimensión está construida para funcionar en la dualidad o en el bien y el mal, que se define por el número dos. Lo mismo se refleja en la separación de la mujer y del hombre. Sin embargo, al hombre se le instruye para que ame a la mujer como a sí mismo, lo cual es siempre la solución para combatir una mentalidad de la dualidad. Es fundamental comprender esto.

En el momento que siento la separación es cuando el Espíritu Santo me recuerda que debo

amar lo que parece estar separado para volver a reconectarme con la plenitud.

La resurrección de Cristo es la máxima expresión de esa verdad. Jesús se separó de su Padre para reconectar a toda la humanidad como el Cristo.

Todos nuestros problemas en la tierra son el resultado de nuestra resistencia a amar el problema percibido o la división que vemos. Si te es difícil amar, es porque no has cambiado tu manera de pensar.

Desde entonces, Jesús comenzó a anunciar, ***"Cambien su manera de pensar y de vivir*** *porque el reino de Dios ya está cerca".*

Mateo 4:17 (PDT)

Para cambiar nuestra manera de pensar, debemos estar conscientes de nuestros pensamientos. Hemos demostrado que nuestro pensamiento programado es el producto de una conciencia pecaminosa y si deseamos cambiarlo, el primer paso es estar conscientes del momento presente.

Toda la creación, tanto la visible como la invisible, son los pensamientos de Dios. De hecho, Dios también lo dice en Jeremías.

Porque yo sé los pensamientos que tengo acerca de vosotros, dice Jehová, pensamientos de paz y no de mal, para daros el fin que esperáis.

Jeremías 29:11

Sabemos que nuestros pensamientos y creencias son los responsables de nuestra condición. La separación de nuestro espíritu del alma y del cuerpo ha dejado un vacío, el cual reafirma el temor a la muerte. En consecuencia, esa separación nos asusta y nos conlleva a depender del programa subconsciente que reside dentro de nuestra alma.

El temor combinado con la luz de esta dimensión se suma a nuestra dependencia de la programación subconsciente que nos hace sentir más separados. ¿Me doy a entender?

Recuerda, que la paz que sobrepasa todo entendimiento es donde moras hasta que pierdes ese reposo con los pensamientos que generan la separación. En otras palabras, los sentimientos de falta de algo o de escasez nos hacen buscar algo material para suplir esa carencia.

No tenemos un concepto físico de nuestro Padre Celestial, por lo que llenamos ese vacío con las cosas materiales de nuestro entorno. Este ciclo inacabable del vacío se detiene cuando somos conscientes del momento presente. El círculo se convierte en una espiral hacia el cielo cuando dejamos de buscar esos pensamientos y nos detenemos a observarlos y a analizar de donde vienen.

Nuestra percepción de separación de Dios es la razón principal de nuestro temor a la muerte y de nuestros deseos de objetos externos para distraernos, lo cual es parte de nuestra programación subconsciente.

Estos programas subconscientes tienen una puerta secundaria, lo cual es terminología informática para la entrada secreta a un programa. Tu entrada en Él está disponible cada vez que observas tus pensamientos mientras respiras Su gracia y misericordia.

Nuestro futuro fue completado en Su resurrección, lo cual significa que creer lo que Él hizo te hace uno con Su obra finalizada. Una vez que te vuelves adicto a esa paz, tus ojos y oídos se abrirán para reconocer que nunca saliste de donde te originaste en Él.

E. HIPNOTIZADO PARA CREER UNA MENTIRA

¿Qué pasaría si te dijera que somos hipnotizados al nacer para creer que necesitamos algo de nuestro entorno para estar plenos y completos? Por esto es tan necesario que despertemos al presente.

La verdadera buena noticia es que Jesús destruyó ese hechizo y nos hizo libres al colocar todo lo que necesitamos en nuestro espíritu. Sin embargo, el dejar de creerlo, es el pecado que perpetúa la separación y es la razón por lo cual te sientes carente, enfermo o temeroso.

Tu incredulidad es lo único que se interpone entre tú y la libertad. Cristo, al resucitar, colocó las llaves de la muerte y del infierno dentro de ti, para asegurar que nada de este mundo te pueda mantener cautivo.

Esto debería ser muy buenas noticia para todos los que creen estar en cautiverio.

Somos espíritu, creados a la imagen de Dios para ser Su reflejo y Su voz. El hombre fue creado con habilidades únicas y particulares para conocer y pensar. Antes de que Adán fuera separado, su espíritu estaba conectado con Dios para reproducir Sus pensamientos y deseos aquí en la tierra.

El alma es incapaz de conocer las cosas del espíritu porque fue creada para servir al espíritu. Recordarás que el espíritu y el alma vibran en frecuencias diferentes, pero al operar en el orden diseñado por Dios, se vuelven uno solo.

Todos los pensamientos ocurren fuera del cerebro y del cuerpo. Somos espíritu y también lo son nuestros pensamientos, los cuales no están confinados a una estructura natural.

Esto significa que, si nuestras mentes son una con Cristo, nuestros pensamientos reflejarán Su Luz. Por lo tanto, en Su luz no hay sombras, lo cual te librará de cualquier condición asociada con el temor a la muerte.

Los pensamientos de nuestra alma forman nuestra identidad y personalidad, que validan nuestros temores. Esa es la razón por lo cual no debemos identificarnos con los pensamientos e imágenes que creamos desde el ámbito externo o físico.

Los mismos pensamientos nos conducen a las mismas elecciones, que nos llevan a las mismas conductas, que producen las mismas emociones, que nos conducen a las mismas experiencias que se asocian a un sentimiento. El círculo interminable de pensamientos y sentimientos forma nuestra relación con este mundo. Además, esto se convierte en nuestro estado del ser y acaba formando nuestra realidad personal.

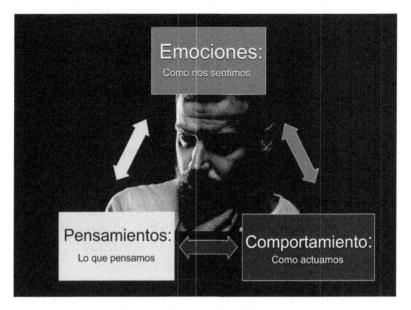

Fig. 18 - Pensando y Sintiendo

Por ejemplo, si nos levantamos de la cama y empezamos a pensar en una imagen o un acontecimiento que ha sucedido, abandonamos inmediatamente el momento presente y volvemos a la imagen o a la emoción relacionada con el pensamiento. La mente no se rige por el tiempo, sino por los acontecimientos, que son recuerdos del pasado.

En resumen, acabas reviviendo el evento y produciendo la misma química correspondiente a esa experiencia. Por ejemplo, si te sientes abandonado por alguna situación que te aconteció, tu cuerpo revivirá la química emocional asociada a ese sentimiento.

Los pensamientos positivos o negativos condicionan nuestra biología

Fig. 19 - Los pensamientos condicionan nuestra biología

Si sigues entablando los mismos pensamientos y sentimientos, es poco probable que algo cambie en tu vida. Por lo tanto, acabamos moldeando nuestro futuro para replicar nuestro pasado.

Por ejemplo, los instrumentos musicales mal afinados describen el sonido de un alma cuyos pensamientos son de temor. El ruido y la confusión son el sonido que escuchamos cuando los programas subconscientes operan dentro de nuestras mentes. La razón por la que la gente cree que sus pensamientos ocurren dentro de ellos es por la confusión creada por sus almas.

Si alguna vez has visto una película de terror, puedes sentir la oscuridad en las escenas porque los técnicos orquestan los sonidos al nivel del infrasonido, que está por debajo de los 20 hercios. Son frecuencias que activan el temor y producen imágenes de tinieblas subliminalmente dentro de nuestra alma.

El resultado realmente aterrador es que muchas personas se vuelven adictas a ese ruido y a ese drama, que reproduce imaginaciones asociadas al temor y a la muerte. Esas personas se convierten en un imán para el desastre en su vida y en las personas que los rodean.

La plenitud se manifiesta cuando el alma se pone al servicio del Espíritu, entonces la mente atrae las frecuencias de una mente conectada a las frecuencias celestiales.

> *Oí una voz del cielo como el estruendo de muchas aguas y como el sonido de un gran trueno. La voz que oí era como de arpistas que tocaban sus arpas.*

Apocalipsis 14:2

La descripción anterior la hace Juan del sonido de la resurrección. Nuestro espíritu está afinado para ver y oír la melodía de la vida eterna incluso en la dimensión física.

Los pensamientos de Dios llevan una frecuencia de armonía y paz que puede describirse como el sonido de muchas aguas. Tanto el agua como la luz contienen una frecuencia y una revelación que son fundamentales para nuestro desarrollo físico y espiritual. La concientización consciente de la luz y el sonido se convierten en la herramienta para atraer los sonidos del cielo.

Además, las frecuencias del cielo renuevan tu mente tu cuerpo para recibir la revelación diseñada para aumentar nuestra capacidad de atención y así permanecer más tiempo en el momento presente.

Esta es una clave extraordinaria que ha transformado mi vida.

Observando nuestros pensamientos revela Su naturaleza y Su fuente, lo que nos proporciona autoridad espiritual para seleccionar los que son beneficiosos para nuestro bienestar. El poder de los elementos del agua y la luz nos abren el entendimiento del por qué somos espíritu. Los pensamientos de Dios resuenan con la misma intensidad que La Luz del primer día de la creación, cuando Él dijo: Sea la luz. Ahora permítame llevarle a un entendimiento más profundo.

> *En el principio ya existía la Palabra; y aquel que es la Palabra estaba con Dios y era Dios. Él estaba en el principio con Dios.*
>
> **Juan 1:1-2 (DHH)**

El agua viva y su Luz divina son tanto el sonido como la iluminación de su Palabra. Antes de la creación todo lo visible e invisible estaba dentro de Su Palabra. La figura de ello es Jesús en la carne y el Cristo resucitado.

La importancia de la frecuencia de la luz no debe ser subestimada especialmente en lo que se refiere a nuestros pensamientos, emociones y sentimientos. Lo que creemos y percibimos son las experiencias y emociones almacenadas que han moldeado la forma en que vemos nuestro mundo. En otras palabras, los pensamientos del hombre son equivalentes a la amplitud y la onda de la luz que percibe.

Además, la mitad de los recuerdos que marcaron nuestra vida ni siquiera son ciertos. Así es, la ciencia dice que al menos la mitad de lo que recordamos como un evento traumático nunca ocurrió. Sino que estas reviviendo eventos y experimentando el dolor de cosas que ni siquiera ocurrieron. ¿Por qué? Porque la luz y la frecuencia que utilizamos para fijar las imágenes y los sentimientos no tienen sustancia.

Quizá puedas ver esto en tu vida, pero te sientas incapaz de cambiar. ¿Por qué? Porque la mayoría de las personas buscan cambiar sus actitudes y percepciones desde la misma personalidad. La persona que formamos en esta dimensión es incapaz de convertirse en algo distinto.

El poder para cambiar tu futuro requiere de una nueva persona, la cual se describe como "nacer de nuevo". En muchas iglesias, esto se ha convertido en un cliché porque la gente no puede conocer las cosas del Espíritu desde una conciencia del temor. No puede haber resurrección hasta que no haya muerte a la realidad personal que construimos a partir del temor a la muerte. Tanto el bautismo del espíritu, como el alma y el cuerpo determinan la muerte y la resurrección espiritual que nos une a la totalidad de la Deidad.

Dios está en la quietud de lo desconocido y nadie más que tú puede proporcionar esa atmósfera y apacibilidad. La generación de la resurrección vive en plenitud y se reúne con su origen y destino en Él. Entablan pensamientos de vida y no de muerte, de victoria y no de derrota, de grandeza y no de mediocridad, de gloria ilimitada, y de abundante salud, alegría y paz.

> *Regocijaos en el Señor siempre. Otra vez digo: ¡Regocijaos! Vuestra gentileza sea conocida de todos los hombres. El Señor está cerca[7]. Por nada estéis angustiados, sino sean conocidas vuestras peticiones delante de Dios en toda oración y ruego, con acción de gracias. Y la paz de Dios, que sobrepasa todo entendimiento, guardará vuestros corazones y vuestros pensamientos en Cristo Jesús.*
>
> *Por lo demás, hermanos, todo lo que es verdadero, todo lo honesto, todo lo justo, todo lo puro, todo lo amable, todo lo que es de buen nombre; si hay virtud alguna, si algo digno de alabanza, en esto pensad. Lo que aprendisteis, recibisteis, oísteis y visteis en mí, esto haced; y el Dios de paz estará con vosotros.*
>
> **Filipenses 4:4-9**

El mundo se alimenta de la separación y la división porque creen que deben esperar a que algo externo les cambie internamente.

La espera acaba en el momento en que entras en ese generoso momento presente, que expone tu espíritu a la unicidad de tu origen. Si algo hemos aprendido es que somos Uno dentro de Cristo desde antes de la fundación del mundo.

---

7 Strong's Ehaustive concordance. 1451 Eggus at hand, near, nigh, ready. Al alcance de la mano, cercano, vecino, listo

Y la resurrección de Cristo proveyó tanto el camino como el vehículo para vivir dentro de Su Reino ahora.

TU CUERPO
ES EL ARCA

Todas las creaciones de Dios fueron hechas magníficamente para albergar y reflejar la eternidad. El arca del Antiguo Testamento ilustra perfectamente lo que estamos hablando. Debemos convertirnos en lo que fue colocado dentro de nuestro espíritu desde antes de la fundación del mundo. Descubrirás una mayor confianza al ir completando lo que se completó antes de que fueras de carne y hueso.

*Fijemos la mirada en Jesús, **el iniciador y perfeccionador de nuestra fe,** quien,* *por el gozo que le esperaba, soportó la cruz, menospreciando la vergüenza que ella significaba, y ahora está sentado a la derecha del trono de Dios.*

Hebreos 12:2 (CST)

Hay dos frases en esta traducción que debemos considerar. La fe es el resultado de la resurrección, ya que no habría razón por la cual creer en nada si la muerte fuera suprema. Medita en ello por un momento. La resurrección de Cristo es la prueba que nuestra fe es más real de lo que revelan nuestros sentidos.

En segundo lugar, Él sabía que la alegría es el resultado directo de "conocer" en el corazón. **Si no estás experimentando gozo es porque estás creyendo lo que ves en lugar de lo que sabes**.

Imagínese a los hijos de Israel andando por el desierto llevando la Presencia de Dios en un recipiente hecho de madera de acacia. El pueblo de Dios era protegido de sus enemigos mientras tuvieran el Arca.

La misma presencia del arca transformaba la dimensión material de manera increíble. Por ejemplo, la ropa y el calzado de las multitudes no envejecieron durante cuarenta años ni hubo enfermedades entre el pueblo.

Lo sobrenatural era algo natural para los que se encontraban cerca del arca de Dios. Dios había puesto su presencia dentro de una caja de madera y dondequiera que llegaba el arca el ámbito físico era alterado.

Hoy en día, tenemos a ese mismo Dios dentro de nuestras arcas hechas de carne, pero desafortunadamente todavía preferimos creer que debemos esperar una manifestación externa y física para constatar Su Presencia.

Se nos enseña desde el nacimiento a confiar en el mundo físico para nuestros recursos y protección. Si deseamos experimentar algo fuera de esta dimensión que etiquetamos como milagro o sobrenatural, debemos empezar a creer más allá de nuestros sentidos y de esta dimensión. Esto es lo que hemos estado diciendo en distintas maneras, mas ahora estás despertando a la realidad de lo invisible.

Además, durante cientos de años Israel no experimentó ninguna enfermedad hasta que el rey Asá llamó a un médico de los egipcios. El pueblo de Israel vivía con salud divina siempre y cuando confiara en Dios.

> *En el año treinta y nueve de su reinado, Asá se puso enfermo de los pies; y, aunque su enfermedad era grave, no buscó al Señor, **sino que recurrió a los médicos.***
>
> **2 Crónicas 16:12 (CST)**

> *Así dice el Señor, "¡Maldito el hombre que confía en el hombre! ¡Maldito el que se apoya en su propia fuerza y aparta su corazón del Señor!*
>
> **Jeremías 17:5 (CST)**

Lo único que nos impide vivir de forma sobrenatural es la incredulidad. La resurrección de Cristo destruyó todo enemigo tanto físico como espiritual. Empieza desde ahora a verte completo y rehúsa creer cualquier cosa que te separe de esa convicción.

La siguiente sección te ofrecerá más pruebas que lo que nos han enseñado es una mentira. La verdad es que llegas a este planeta plenamente equipado para vivir con salud divina.

A. LA EPIGENÉTICA DESTRUYE LA VICTIMIZACIÓN

A la mayoría de las personas se les enseña que heredan genes buenos o malos y que esos genes son los responsables de su salud y bienestar. La ciencia educa a la sociedad para creer que son víctimas de la genética y que están indefensos ante las enfermedades o desgracias de su linaje. La epigenética ha demostrado que esto es una completa y rotunda mentira. Esta rama de la ciencia significa literalmente "sobre" o "por encima" de la genética.

La epigenética se refiere a las modificaciones externas del ADN que activan los genes. Estas modificaciones no cambian la secuencia del ADN, sino que afectan la forma en que las células "leen" los genes. Los genes son análogos a los planos que los arquitectos leen para construir un edificio. Los genes son las proteínas y nuestra mente es el arquitecto. Si nuestra percepción cambia, también cambiará la estructura del edificio.

La manera en que percibimos nuestro entorno, empezando en el vientre materno, nos desarrolla física y mentalmente para nuestro nacimiento. Después de nacer, la luz, el sonido y los sentidos aumentan el proceso de crecimiento, especialmente nuestros ojos.

Los niños son expuestos a los mismos comportamientos, alimentos, lenguaje y cultura de sus padres, o de quien los críe, lo cual significa que los mismos genes son leídos día tras día reproduciendo las mismas imágenes dentro de la mente.

Es posible que hayan observado, al cabo de algunos años, la extraña manera en que los animales se parecen a sus dueños. Este proceso empieza con los bebés dentro del vientre materno y se acelera después del nacimiento. La combinación de nuestras emociones, sonido y nutrición resuenan con los genes para construir las imágenes del entorno.

Las frecuencias de esta dimensión junto con nuestros pensamientos interactúan a nivel celular para darle forma física a los rasgos y características del niño.

Por lo tanto, es un mito creer que naces como una víctima en este mundo debido a tu huella genética. Mucho de lo que la ciencia ha presentado como doctrina y verdad irrefutable no es más que especulación e intentos de asustar a la gente para que confíe en sus consejos y en sus consultas. Cuanto antes observemos el momento presente, menos atención prestaremos a la pseudociencia del mundo.

Todo lo que Dios crea son milagros. Hemos sido creados maravillosamente con habilidades asombrosas para formular pensamientos, hacer un bebé, tocar un instrumento musical, eliminar toxinas y reaccionar con los cinco sentidos simultáneamente. Estamos creados para funcionar a niveles mucho más elevados de lo que estamos programados a creer.

B. CÉLULAS Y VOLTAJE

Basta con observar las células para descubrir la majestuosidad de nuestra creación. Somos un compuesto de alrededor de setenta billones de células que contienen una carga eléctrica equivalente a 1,5 voltios por célula. Esto es un total de ciento cinco billones de voltios de electricidad que recorren nuestro cuerpo transportando información vital para nuestro bienestar.

Cada célula tiene sistemas inmunológicos, respiratorios y de conciencia que son un mini microcosmo del cuerpo humano. Sin embargo, la falta de voltaje en nuestras células es el factor principal que contribuye a la enfermedad. El cuerpo comienza a morir y a descomponerse cuando el voltaje cae por debajo de ciertos parámetros.

Por ejemplo, cuando los investigadores midieron la tensión eléctrica de los órganos del cuerpo, determinaron que un cuerpo estaba generalmente sano si los niveles de voltaje se encontraban entre los setenta y cinco y los noventa megahercios.

Las gripes y resfriados aparecían en el organismo cuando el cuerpo descendía por debajo de los cincuenta MHz. Además, enfermedades como el cáncer y la tuberculosis aparecían en los órganos cuya carga eléctrica descendía a niveles menor a los cuarenta y cinco Megahercios.

Hemos explicado nuestra relación física con la energía a través de los átomos. Además, sabemos que nuestros pensamientos y sentimientos son portadores de vibraciones, que son cargas eléctricas. Todo en la dimensión física funciona en armonía con las fuerzas físicas del voltaje. Nuestros cuerpos son reactores atómicos en miniatura que requieren de electricidad para mantener la armonía entre los órganos.

Para entenderlo mejor, veamos la capacidad innata de las plantas para aumentar su voltaje y reparar el ADN dañado. Los que no conocen los aceites esenciales deberían conocer estas moléculas milagrosas y añadirlas a sus rutinas diarias. Recomiendo plenamente leer mi libro "El aliento de Dios sobre los aceites esenciales" para un estudio más profundo del mismo.

Cada órgano del cuerpo está compuesto por millones de células diseñadas para nutrir el órgano con sangre y luz, lo cual es el plano espiritual para la salud y la curación. En otras palabras, la falta de voltaje o energía eléctrica provoca la muerte celular.

Toda enfermedad física es principalmente espiritual, pero a nivel físico es el resultado de la falta de energía. La realidad es que la enfermedad y la dolencia son productos de la incredulidad.

El estrés mental es la forma más rápida de agotar la energía, dejando a los órganos y las células indefensas frente a los trillones de bacterias que hay en el interior del cuerpo y que están diseñadas para descomponer el cuerpo al morir.

De hecho, el motivo principal por más del 90% de las visitas médicas está relacionado con el estrés. **Esto y la falta de nutrición física aumentan los niveles de dolor físico que dificultan la concentración en el momento presente.**

Por otro lado, hay muchas personas que aman al Señor, pero como resultado de confiar en sus programas subconscientes están luchando con problemas y condiciones de salud. Este libro está escrito para proporcionarte la información necesaria para cambiar tu manera de pensar y creer, y así poder corregir tu condición física.

¿Alguna vez has notado las esporas de un hongo en la hoja de un árbol? Permanecen latentes hasta que el árbol entra durante el otoño en una etapa de muerte estacional marcada por una disminución de la luz solar o de la carga eléctrica, en la forma de fotones. Esta pérdida de voltaje despierta a las esporas para que transformen activamente la hoja en ácido húmico y fúlvico, compuesto por vitaminas, minerales y aminoácidos.

El suelo reproducido por las hojas moribundas bajo un árbol constituye el útero perfecto para las semillas. La tierra contiene ácido fúlvico, que abre la membrana de la semilla para recibir los nutrientes del ácido húmico. Con suficiente agua y luz solar, la nueva planta dispondrá de toda la química natural para reproducir la vida en cada criatura que coma de la nueva planta.

Los agricultores añaden abonos que contienen nitrógeno, fósforo y potasio para hacer crecer sus cultivos. Desafortunadamente, los alimentos cultivados en estas condiciones no suministran el ácido húmico y fúlvico que las células requieren para un crecimiento saludable. El resultado es que nuestro sistema inmunológico se ve comprometido y el voltaje del cuerpo no evitará que los hongos y las bacterias en nuestro interior se despierten y empiecen a descomponer nuestro cuerpo.

Esto también ocurre con un proceso llamado pasteurización. El enfoque médico moderno con respecto a la enfermedad son los antibióticos, los cuales se añaden a muchos de los alimentos que consumimos, y esto se vuelve en una receta para la enfermedad y la muerte.

La comprensión del voltaje aumentará tu deseo de luz solar natural, agua de manantial y la compañía de otros seres humanos sanos. Estas son cosas simples que podemos hacer para proporcionar grandes cantidades de energía que recarguen las células agotadas. Es por esto por lo que Dios puso al hombre en un jardín y lo llamó Edén.

El hombre fue creado con la capacidad innata de curarse y reproducirse según su especie. Esto es posible dado que fuimos creados de la misma tierra que fuimos ordenados a dominar. Lo anterior es crítico para que cambies tu manera de pensar y de creer.

Pregúntate lo siguiente: Crees que Dios permitiría algo en la tierra que pudiera aniquilar su creación. La respuesta es obviamente no. El temor y el pánico a un "virus" es una señal clara de que la gente no conoce el amor de Dios y prefiere confiar en el hombre en lugar de en su Creador.

Tu mayor oportunidad para la transición a la autoridad empieza después de entender el nacimiento, la muerte y la resurrección de Cristo. El poder de lo que Cristo hizo en la resurrección es tan abrumador y completo, que las palabras nunca podrán describir la plenitud de Sus acciones.

La siguiente sección te proveerá de más verdades espirituales que te blindarán en contra de las mentiras de este mundo.

C. RESPUESTA DE ORIENTACIÓN

La ciencia divide la actividad de las ondas cerebrales según la frecuencia y la química. Por ejemplo, se dice que, durante nuestros momentos más ocupados del día, el cerebro está en Beta. Después de al irse calmando, el cerebro pasa de Beta a Alpha. El estado Alpha se asemeja a una condición hipnótica en la que una persona se es controlada fácilmente con sugerencias. Los psicólogos usan un término llamado "respuesta de orientación" para describir un cerebro en estado Alfa. Por ejemplo, después de que una persona se sienta frente a un televisor, el cerebro entra en el estado Alpha o "hipnótico", lo que hace que sea mucho más fácil programarlo durante esta condición.

Es importante recordar esto la próxima vez que te relajes frente a un televisor mientras alguien te informa sobre una enfermedad o desastre que podría afectarte. Si no tienes cuidado, te hipnotizarán, haciéndote creer lo que sea que estén diciendo.

Las necesidades básicas del cuerpo para sobrevivir son el oxígeno, el agua, el sueño y la comida. Los animales y los seres humanos se condicionan fácilmente para responder de cierta manera mediante el uso de sugerencias emparejadas con las necesidades básicas de los seres humanos. Esto nos ayuda a entender cuándo somos más vulnerables a las sugestiones. Por ejemplo, se dice que la mayoría de las guerras se consumaron durante la cena y el vino.

Uno de los ejemplos más conocidos de esto es el de Ivan Pavlov, que condicionó a los sabuesos rusos con comida para que salivaran al sonido de una campana. El estudio demostró el poder de condicionar el cuerpo con un estímulo externo.

Un cuerpo humano puede ser condicionado para manifestar el cáncer a partir de la sugestión, de la misma manera que los perros son acondicionados para salivar inconscientemente al sonido de las campanas. Si una persona cree que es vulnerable a una enfermedad, creerá inconscientemente la sugestión y producirá la química, que manifestará esa creencia en el cuerpo.

Es importante entender que las sugestiones y la creencia crean frecuencias electromagnéticas que atraen materia semejante a la imagen. Por ejemplo, cuando pensamos en la enfermedad creamos un campo magnético que atrae imágenes iguales a las longitudes de onda emocionales de nuestras creencias.

En otras palabras, si creemos que somos vulnerables a una enfermedad como el cáncer, ese pensamiento se manifestará materialmente en nuestro cuerpo. Recordemos que hablamos de cambiar la energía en materia, lo que se llama colapsar la onda. Y esto es exactamente el proceso que invocamos con nuestros pensamientos.

Lo primero que hace la mayoría de la gente cada mañana es buscar su dosis matutina conectándose al sistema operativo del mundo, llamado la World Wide Web. Todos los dispositivos que utilizamos en nuestra vida diaria, como los teléfonos inteligentes y las computadoras, envían imágenes constantemente, repletas de sugerencias para que las creamos.

La mayoría de las personas son muy receptivas y se acondicionan fácilmente para creer las señales que se transmiten, debido a que estas y pensamientos a los que estas conllevan producen adrenalina y otras sustancias químicas adictivas que nos hacen sentir vivos. Esto se ve agravado hoy en día por las redes sociales, porque la gente se ve obligada a creer de una determinada manera a partir de un simple "me gusta" de un comentario publicado.

Con el tiempo, el cerebro se ve incapaz de producir suficientes sustancias químicas para satisfacer nuestras ansias, lo que lleva a la gente a explorar las regiones más oscuras del juego o la pornografía para encontrar la descarga de adrenalina necesaria.

Estamos condicionados desde temprana edad a encontrar nuestra felicidad y riqueza en el mundo material. Debes estar atento a esto porque cuanto más dependas de los dispositivos digitales y de las plataformas de los medios de comunicación, más fácilmente serás controlado por las frecuencias del temor. Debemos desconectarnos de las frecuencias del mundo y permanecer en el reposo y la quietud del momento presente.

D. ¿QUÉ VOZ ESTAS ESCUCHANDO?

La verdadera "Iglesia" del Nuevo Testamento, formada a la imagen de Cristo, demostró su poder sobre la enfermedad, el malestar, la pobreza e incluso la muerte, porque se les enseñó a las ovejas a escuchar la voz del Buen Pastor.

> ***Mis ovejas oyen mi voz*** *y yo las conozco, y me siguen; yo les doy vida eterna y no perecerán jamás, ni nadie las arrebatará de mi mano.*
>
> *Mi Padre, que me las dio, mayor que todos es, y nadie las puede arrebatar de la mano de mi Padre. El Padre y yo uno somos.*
>
> **Juan 10:27-30**

La Biblia es clara en cuanto a que Jesús es el Buen Pastor de Sus ovejas y no un médico con bata blanca. La escritura también dice enfáticamente que sus ovejas lo conocen por su voz. Su voz es la frecuencia de la resurrección y la intrepidez sobre toda circunstancia de este mundo.

Despertar a esa realidad cambia dramáticamente nuestra percepción y nuestra fe. Nada es imposible debido a la resurrección, pero cada uno de nosotros debe "saberlo" en su corazón y en su mente. De lo contrario, experimentaremos la vida conforme a las enseñanzas del antiguo pacto, lo cual significa que operaremos bajo la ley del bien y del mal esperando a un Mesías. Puede sonar ridículo, pero esto es lo que la iglesia de los últimos cientos de años ha estado enseñando.

Hemos llegado a una disyuntiva que definirá a las futuras generaciones. O nos inclinamos ante el ídolo de Nabucodonosor, en la forma de la ciencia, o realmente entramos en el Reino de Dios muriendo a este sistema mundial.

Esto puede sonar muy desafiante para aquellos que no han sido entrenados para entender su naturaleza espiritual, pero para ustedes que creen, que fueron elegidos desde antes de la fundación del mundo, es precisamente lo que han estado esperando escuchar.

De hecho, muchos de ustedes han sabido desde hace algún tiempo que algo no está bien. Tengan la seguridad de que no están solos. Hay multitudes que están siendo avivadas por una nueva frecuencia para surgir y recordar su origen.

EL MUNDO
EXTERNO
ES EL PLACEBO

El término placebo existe desde el año 1700 y, como descubrirás, es mucho más que una píldora de azúcar o un fármaco inerte. Los médicos y los fabricantes de medicamentos saben que el ser humano es capaz de curarse de forma innata sin necesidad de fármacos. Pero para medir el efecto de su fármaco fabricado, lo prueban contra un no-fármaco llamado placebo.

Antes de que un medicamento sea aprobado por la FDA para hacerlos legales, los científicos están obligados a utilizar metodologías de estudios a ciegas dobles y triples. Esto significa que ni los sujetos ni los científicos saben quién recibe el fármaco o el placebo.

El resultado de la mayoría de estos estudios no deja lugar a dudas de que la creencia de la gente es que el fármaco es real, y la enfermedad es el placebo (o lo que es falso). En otras palabras, lo que se cree es más poderoso que cualquier enfermedad.

En un estudio sobre la depresión, el 83% de los pacientes que tomaron el placebo mejoraron de inmediato con respecto a los que tomaron el fármaco antidepresivo. Esto significa que cuatro de cada cinco personas estaban realmente mejor que los que tomaron la medicación farmacéutica. ¿Qué significa esto?

Que los que tomaron el placebo estaban convencidos, más allá de toda duda, de que les curaría la depresión. Tan sólo esa convicción activó su fe para producir químicamente dopamina y serotonina, lo que cambió su condición. **De este modo, el cuerpo produce sustancias químicas mejores y más seguras que las drogas sintéticas de los fabricantes farmacéuticos.**

En otro estudio, un hombre se sentía mal y acudió a su médico local. El médico le envió a un especialista que determinó que tenía un cáncer en fase avanzada y le anunció, lamentablemente, que le quedaba poco tiempo de vida. El paciente le dijo a su médico que le parecía bien morir siempre que pudiera sobrevivir hasta las Navidades para estar con su familia. El día de Año Nuevo, una semana después de Navidad, el hombre murió. La semana siguiente, en la autopsia, se descubrió que el hombre nunca tuvo cáncer.

Medita en ello. El hombre se rindió, aceptó y creyó lo que su médico le dijo, lo cual es la misma forma en que una persona reacciona ante un hipnotizador. Una persona que desea ser hipnotizada debe ser sugestionable a las ideas y pensamientos de la persona en la que confía.

Si has visto un anuncio de medicamentos en la televisión, entenderás que el proceso consiste en hacerte creer primero que eres una víctima de la enfermedad que venden para que adquieras su cura.

El proceso de la enfermedad y la dolencia siempre es el mismo y comienza con algo que sentimos, que conduce a los pensamientos. En otras palabras, lo que sientes se convierte en tu manera de pensar, que consiste en entretener la idea de que una determinada enfermedad "podría" infectarte.

Este es el proceso que utiliza un agricultor cuando siembra una semilla en su campo. El agricultor riega y abona la semilla, que es lo que hacen nuestros pensamientos, sensaciones y sentimientos en nuestro cuerpo. Después de convencerte de que tienes una enfermedad, debes consultar a un médico para que valide todos los síntomas que has creado.

En Japón, un grupo de niños con alergias conocidas a la hiedra venenosa participaron en lo siguiente: Los investigadores tomaron hojas que se asemejaban a la hiedra venenosa y les dijeron a los niños que era la planta y se la frotaron en los brazos, aunque no era hiedra venenosa a los niños les brotó la erupción. A continuación, les administraron las hojas reales de hiedra venenosa y les dijeron que era de una planta que sólo se parecía a ella, y no tuvieron ninguna reacción. ¿Por qué?

La convicción de los niños anuló sus respuestas fisiológicas a la planta. Y el cuerpo fabricó las histaminas necesarias para contrarrestar el efecto. Se hicieron inmunes con tan sólo pensarlo.

Pregúntate ahora, ¿fuiste creado para ser una víctima? El mundo externo o físico siempre responderá a lo que crees, así que si quieres un resultado diferente va a requerir una manera de creer distinta. El poder de cambiar tus pensamientos comienza y termina dentro del momento presente.

Aleja tu atención de todo lo que crea o fomenta el temor en tu vida. Cuando entendamos que Su resurrección es nuestra autoridad superaremos el temor a la muerte y nunca más volveremos a ser una víctima.

Hay estudios de cirujanos en la guerra que no disponían de morfina para las cirugías e idearon un argumento convincente junto con sus enfermeras para persuadir a los pacientes de que los medicamentos que recibirían serían más potentes que la morfina y que aunque podrían sentirse diferentes al principio, las operaciones serían indoloras. Los resultados fueron asombrosos. Los pacientes no recibieron anestesia durante las operaciones y el 75% de los pacientes no sintieron dolor. La confianza que los pacientes pusieron en los médicos creó suficiente morfina en sus cuerpos para realizar las operaciones sin ningún dolor.

Los últimos estudios informan que la enfermedad de Parkinson es el resultado de la incapacidad del cuerpo de producir dopamina. Hubo un estudio que informó que los médicos les dijeron a sus pacientes que recibirían un medicamento que curaría la enfermedad. Cada uno de los pacientes recibió el medicamento placebo descrito como la cura. A la semana siguiente, más del 50% de los pacientes ya no presentaban los síntomas de la enfermedad.

De hecho, al observar los escaneos cerebrales de los pacientes sin síntomas, descubrieron que habían fabricado su propia dopamina y, en algunos casos, era doscientas veces superior a la normal. Esos pacientes fueron curados de la enfermedad de Parkinson con una píldora de azúcar porque creyeron y confiaron en la palabra de un médico.

No fue hasta que los pacientes regresaron a casa y volvieron a su entorno y a la gente que les era familiar, que la enfermedad volvió a aparecer. ¿Por qué? La misma convicción que produjo la dopamina y curó sus síntomas fue la misma que creó la enfermedad en primer lugar. Ahora bien, ¿Qué es lo que quiero decir con todo esto?

El placebo es eficaz porque la gente se rinde y cree en la palabra de los médicos. Si uno va al doctor, y después de un examen, éste le dice con convicción que tiene cáncer, varias cosas suceden instantáneamente.

En primer lugar, el sonido y la imagen visual de la muerte liberan instantáneamente cortisol que apaga el sistema inmunológico. La imagen unida a la creencia de la muerte se manifiesta materialmente en el cuerpo para validar el pronóstico del médico.

Es decir, nuestro cuerpo responde a lo que creemos. Creamos nuestro mundo y nuestra condición física a través de nuestras creencias. Lo hemos dicho en diversas maneras que ya debería ser obvio que tu cuerpo es lo mismo que tu mundo.

Nuestras creencias provienen del alma que está pre-programada por una consciencia de pecado. Por lo tanto, a menos que cambiemos los programas a través de un renacer espiritual, nuestra condición siempre reflejará lo que el alma cree.

La imagen de un doctor transmitiendo las noticias traumáticas se convierte tanto en un monumento como en la base de nuestro fallecimiento. Éste y otros escenarios parecidos son posibles porque estamos programados para creer que nuestro mundo externo es más real que nuestro Creador. Nos podemos decir que no pensamos así, pero si no practicas Su Presencia lo más probable es que tu respuesta a un pronóstico similar sea muy parecida.

El placebo es efectivo por muchas razones, pero principalmente por la convicción de que requerimos un remedio del mundo físico para sanar nuestros cuerpos.

Comenzamos desde una temprana edad a esperar que la enfermedad, la dolencia, el fracaso matrimonial y la infelicidad provengan de lo externo. El estudio de los placebos demuestra que nuestra mente es la sustancia activa que actúa en el reino invisible para producir una manifestación física.

Ya sabemos que nuestro cuerpo es una extensión del mundo que creamos a partir de nuestras creencias y percepciones. Las mismas creencias que forman nuestro mundo son capaces de crear la enfermedad que manifestamos. Por lo tanto, si somos el autor de lo que experimentamos, y lo somos, ¿por qué no crear el cielo aquí en la tierra?

El temor a la muerte siempre dominará las emociones y los pensamientos de aquellos cuyo estado del ser es un reflejo del mundo natural. Creamos nuestra personalidad de nuestra realidad personal. En otras palabras, lo que pensamos es la base de lo que creemos.

La mayoría de las personas que vienen a Cristo intentan cambiar su forma de pensar y sentir mientras continúan siendo la misma persona o personalidad. Esto es imposible y es la razón por la que mucha gente cree que necesitan liberación.

Puedes confesar o hacer todas las afirmaciones positivas que quieras pero si tus sentimientos y emociones están basados en las percepciones de este mundo, tu cuerpo y tu mente estarán divididos. Por ejemplo, si piensas en la salud y la abundancia divinas pero tu corazón se siente traicionado, abandonado, solo y pobre, el resultado no será positivo.

Jesucristo dijo que una casa dividida no permanecería, lo cual significa que, si tu corazón y tu mente no son uno en Él, la separación será el resultado. Esto es el centro de lo que estamos escribiendo, ¿no es así?

El poder de la medicina, de la religión, de los gobiernos y de la ciencia es lo mismo que un placebo.

Si le creemos a la historia con respecto al tema, nuestro cuerpo manifestará esa creencia. La única solución para una enfermedad física se encuentra en la resurrección y ésta requiere la muerte de nuestra identidad con este mundo.

La resurrección de Cristo es tu genuina personalidad y realidad personal y esto requiere que experimentes lo que más temes, la muerte. Recuerda, la muerte física es inevitable, pero estoy hablando de la muerte a tu realidad personal.

Un placebo revela que nuestra confianza en la cura del mundo material activa nuestra fe para producir un milagro. Sin embargo, podemos reproducir lo sobrenatural en la tierra viviendo ahora dentro de Su Reino.

Somos los dioses (con 'd' minúscula) de nuestra vida en este planeta. De hecho, David y Jesús hablan de esto en la Biblia.

Yo dije, "Vosotros sois dioses y todos vosotros hijos del Altísimo".

Salmos 82:6

Jesús les contesto, "En la ley de ustedes está escrito que Dios dijo: "Yo dije que ustedes son dioses".

Juan 10:34

Hemos sido creados en la perfección por medio de Aquel que nos eligió antes de la fundación del mundo. La verdad de esa realidad debe ser descubierta de forma individual. No se trata de una doctrina o teología, sino de la sustancia espiritual de nuestra imagen la cual proviene del Padre. Él nos formó según Él mismo y nos suministró todo lo que podríamos necesitar dentro de nuestro espíritu. Para acceder a esa provisión divina, no debemos perder de vista el momento eterno presente. Ahí es donde encontramos nuestra verdadera identidad y Su victoria sobre la muerte.

A. ADICTOS AL TEMOR

Recuerdo, cuando era niño, haber ido a nuestro médico de cabecera por un dolor de garganta y haber recibido un antibiótico para matar la infección o el germen llamado estreptococo. Todos los padres están entrenados para llevar a sus hijos al médico por cada dolor, molestia o vacuna. Estos hábitos tienen su origen en la creencia planetaria de que los gérmenes son el enemigo mortal de la humanidad. Además, el mensaje se ha intensificado debido a las proclamas de la ciencia de que los virus amenazan con erradicar la especie humana.

Esto puede parecer una exageración hasta no observar conscientemente cuánto tiempos pasas evaluando la forma en que te sientes. Te sorprendería saber la cantidad de energía inconsciente que la gente gasta en preocuparse por condiciones potenciales que "podrían ser" una amenaza para la vida.

Por ejemplo, podrías frotarte la mano por el brazo y notar un bulto o un color inusual, lo que inmediatamente crearía una serie de imágenes y sensaciones. La respuesta mental, nueve de cada diez veces, son imágenes del peor escenario posible.

Esta reacción produce hormonas de estrés, que apagan el sistema inmunológico del cuerpo. La enfermedad se origina después de que la química de nuestro cerebro crea una condición de "pelear o salir huyendo", que compromete el sistema inmunológico y devasta nuestro cuerpo físico.

El drama que se desarrolla como resultado del temor consumirá horas de especulaciones y búsquedas en Google hasta que alguna cosa o alguien te convenza de lo contrario. Todo esto es el resultado de abandonar el momento presente para perseguir un pensamiento, un sentimiento o una emoción creada dentro de tu cerebro. Pierdes el tiempo tratando de descubrir un remedio para una enfermedad que no tiene realidad alguna en la dimensión espiritual.

Así es, no hay ninguna enfermedad o dolencia donde tiene su origen el "verdadero tú". Pero si persistes en creer que eres de carne, entonces habrás creado el medio perfecto para que una enfermedad demuestre que tus sospechas son correctas. ¿Qué tanto quieres tener razón? Esa es la pregunta que cada persona debe hacerse, porque la mayoría quiere tener razón, aunque les cause dolor. Me recuerda al proverbio que dice que el orgullo precede a la destrucción.

La idea de la evolución, aunque no sea aceptada en los círculos "cristianos", es seguramente creída inconscientemente por aquellos que corren al médico para todos sus males. Porque si creemos que evolucionamos, entonces algo más grande que el hombre puede evolucionar en forma de virus. Por lo tanto, la población del mundo cree la mentira de que somos el producto de la evolución y, por lo tanto, víctimas como seres humanos.

No te sientas condenado si eres el paciente de un médico. Creo que los médicos desempeñan un valioso papel en la sociedad en lo que respecta al tratamiento de accidentes o emergencias. Conozco muchos buenos médicos que se preocupan por sus pacientes y prestan un servicio valioso. Incluso, Dios utiliza a algunos médicos para tratar las enfermedades con la comprensión celestial y el uso sabio de los remedios naturales. El médico que crea una atmósfera de paz en la mente de sus pacientes permite que el Espíritu Santo tenga acceso a sus verdaderas condiciones.

El problema con los buenos médicos es el mismo que con los buenos ministros. La mayoría de las personas que acuden a las iglesias o a los consultorios médicos están espiritualmente adormecidas, buscando consejo de la tercera dimensión que les dé una solución temporal a su condición espiritual. En otras palabras, la mayoría de la gente quiere una lista de cosas que hacer para obtener un resultado en lugar de asumir la responsabilidad de sus creencias.

Desafortunadamente, la mayoría de los médicos prescriben antibióticos que tratan los síntomas matando las bacterias tanto las nocivas como saludables. El término antibiótico se define como algo que tiende a impedir, inhibir o destruir la vida.

Utilizar esa clase de medicamentos equivale a rociar pesticidas en el jardín.

Según Dominique Tobbell, el descubrimiento de la penicilina aceleró el desarrollo de los llamados "medicamentos éticos" terapéuticos, disponibles únicamente con receta médica. El porcentaje total de ingresos de los medicamentos con receta pasó del 32% de todos los medicamentos (incluidas las variedades sin receta) en 1929 al 83% en 1969.

Podemos estar seguros de que esos porcentajes son mucho más altos hoy en día, dado que es relativamente imposible ver la televisión durante diez minutos sin ser bombardeado con anuncios de medicamentos de un tipo u otro. Las industrias farmacéuticas gastan miles de millones de dólares en estas producciones de Hollywood para convencerte de que sin su producto serás presa del mal.

El objetivo de esos anuncios es hipnotizar al espectador para que crea y reproduzca los síntomas de la enfermedad que promocionan. Así es, te están hipnotizando para que creas y manifiestes la enfermedad que su producto está diseñado para curar. Suena ridículo, pero es diabólico y cierto.

Mi propósito es recordarte que Cristo vive dentro de ti. Y si te mantienes consciente de ello, ninguna enfermedad repercutirá en tu cuerpo.

B. El SECRETO DE LAS AMÍGDALAS

Dios creó nuestro cuerpo con la capacidad innata de sanarse de cualquier cosa externa. Nuestras amígdalas, por ejemplo, están diseñadas para tomar muestras de organismos invisibles que entran en el cuerpo a través de los "agujeros" de la cara. Nuestros ojos, boca, nariz y oídos son la puerta de entrada a nuestro organismo físico, pero el majestuoso diseño de Dios utiliza estos orificios para recolectar antígenos invasivos desconocidos para el sistema inmunológico.

La respuesta inmediata de la amígdala es aprender el carácter de la bacteria extraña y luego crear anticuerpos que se adhieren al antígeno y lo expulsan del sistema.

Los antígenos activan nuestro sistema nervioso autónomo para crear potentes moléculas glucoprotéicas llamadas inmunoglobulinas o IGA, o glóbulos blancos, que identifican la sustancia extraña y se adhieren a ella ayudando a su destrucción.

La historia revela que, a principios del siglo XX, se removieron las amígdalas de hasta ocho mil estudiantes al año en el Reino Unido. No se sabe cuántos en todo el mundo realizaron este procedimiento. ¿Por qué es esto importante?

En lo personal, creo que muchos de los "llamados" virus que requirieron vacunas como la polio, las paperas, el sarampión, etc., son el resultado de la eliminación inadecuada de los desechos humanos y de las amigdalotomías generalizadas que se realizaron en el mundo en los años 1800s.

Si se elimina la defensa número uno del organizmo, el resultado es la enfermedad y la muerte en todo el mundo. Agregue a ello los miles de personas que se trasladaron a ciudades que tenían sistemas de alcantarillado pobres o inexistentes para eliminar adecuadamente los desechos humanos y las pandemias mundiales serán el resultado. Dios hizo una prioridad en su ley en cuanto a la eliminación adecuada de los desechos humanos. (Deuteronomio 23)

Las enfermedades mundiales y las llamadas pandemias son el resultado de un número masivo de personas que han comprometido su salud tanto espiritual como físicamente. Esta es la condición de la sociedad que confía en la ciencia y en la sabiduría de este mundo.

Las drogas sintéticas o una vacuna pueden proporcionar un alivio temporal a un cuerpo moribundo porque actúan igual que los cables de arranque para las baterías muertas en los automóviles. El voltaje de los cables arrancará y hará funcionar el motor durante un período de tiempo, pero finalmente la batería tendrá que ser reemplazada. Físicamente debemos confiar en el Espíritu de Dios para tomar las decisiones correctas en lo que respecta a la sabiduría.

Las vacunas no previenen la enfermedad, sino que proporcionan una sustancia química sintética que el cuerpo moribundo no pudo fabricar. La mentira es que detiene la enfermedad, pero no es así. Pero tal vez te preguntes ¿por qué hay tanta gente que "mejora" después de ponerse una vacuna o tomar un medicamento? La respuesta lo traté en el capítulo dedicado al placebo.

La mayoría de las personas han confiado en los medicamentos para cambiar su condición física en lugar de alimentarse apropiadamente para tener un sistema inmunológico fuerte. Hoy en día ya no hay necesidad de hacer amigdalotomías porque la profesión médica ha convencido a las masas que sin sus vacunas la vida en este planeta se acabaría.

Además, el verdadero peligro de inyectar vacunas de cualquier tipo es que el cuerpo no reconozca los medicamentos y se bloquee. Nuestro cuerpo utiliza las amígdalas para defenderse de los antígenos y las vacunas evitan ese proceso.

La solución para la enfermedad empieza y termina con nuestra forma de creer. Una vez que estamos conectados con nuestro espíritu, tanto la mente como el cuerpo operan como uno con nuestro entorno físico produciendo una salud divina. Recuerda que nuestros pensamientos y células dependen del voltaje, que crea condiciones saludables o insalubres en nuestros cuerpos.

La decadencia física comienza en nuestros cuerpos de la misma manera que las hojas se caen de un árbol durante el otoño. La disminución de la luz del sol o del voltaje produce muerte, pero en la primavera la vida vuelve con la frecuencia de la luz. Estamos diseñados para vivir en un estado de resurrección durante todo el año porque no estamos sujetos a las leyes que rigen esta dimensión.

Además, cuando dejemos de temerle a la muerte, ya no confiaremos en nadie más que en nuestro Creador. Los profesionales de la medicina no son malvados, pero por algo se les llama "practicantes de medicina".

Dios te creó y proveyó todo lo que necesitarías

antes de ser carne y hueso. Por lo tanto, hemos sido creados espiritualmente para generar todo el voltaje que necesitamos para proporcionarle nutrición y energía a nuestros cuerpos naturales. La pregunta que debemos responder es ¿podemos pensar más de lo que sentimos? ¡Y la respuesta a esa pregunta es rotundamente sí!

C. LA REALIDAD SOBRENATURAL

Nuestra realidad se forma a partir de nuestros pensamientos y éstos constituyen el 90% de lo que experimentamos físicamente en el mundo que conocemos. ¿Significa esto que Dios no alterará físicamente la dimensión material? No, todos hemos sido testigos de milagros.

Describimos un milagro como sobrenatural debido a que nuestras realidades y creencias son de este mundo, el cual se etiqueta como normal. No deberíamos sorprendernos por lo extraordinario porque la dimensión espiritual es nuestra normalidad.

Ha habido muchas situaciones en mi vida en las que el Señor demostró su atención a mis deseos más insignificantes. Por ejemplo, recuerdo una vez que perdí un pequeño tornillo que necesitaba para reparar una silla en la que me gustaba sentarme para adorar.

Una mañana, cuando el recuerdo del tornillo perdido pasó por mi mente, miré hacia abajo y ahí estaba el tornillo. Lo sorprendente es que lo encontré en el mismo lugar donde lo busqué el día que lo perdí.

La alegría tan profunda que llenó mi corazón en aquel momento no fue porque encontré el tornillo, sino porque sentía el amor de Dios. Sabía que nada escapaba a Su atención y, en ese instante, sentí una unicidad que me hizo olvidar cualquier cosa de esta dimensión. En otras palabras, mi apego a este mundo desapareció literalmente.

Al entender lo mucho que somos amados, podemos creer por cualquier cosa. Fue en ese instante que supe a qué se refería Jesús cuando dijo que nada era imposible si se podía creer. A partir de ese día se me hizo mucho más fácil permanecer en el eterno momento presente porque aprendí el significado de lo que Jesús le dijo a Su Padre:

Padre, aquellos que me has dado, quiero que donde yo esté, también ellos estén conmigo, para que vean mi gloria que me has dado, pues me has amado desde antes de la fundación del mundo.

Juan 17:24

Esas palabras son intemporales porque las pronunció desde la eternidad, en presencia de su Padre, mientras aún estaba en la tierra. En otras palabras, reprodujo la misma atmósfera que en el monte de la transfiguración. Abrió el portal de Su resurrección el cual es Su Reino y habló cara a cara con su Padre.

Esto también está disponible para ti cada vez que entras en el momento presente sin tiempo. Porque la resurrección se produce fuera del tiempo y del espacio, y todos nuestros problemas que percibimos ocurren cuando permanecemos en esta dimensión.

Nuestro mayor desafío es nuestra obsesión por predecir y controlar nuestra vida en lugar el esfuerzo de pasar tiempo en el momento presente agradeciéndole por lo que ha terminado.

Además, nuestra obsesión con la dimensión material como nuestro recurso para la satisfacción y el placer sensorial nos ha confinado a morar dentro de la prisión de nuestros sentidos.

El poder de conocer al Cristo resucitado cambia nuestra atención de lo natural a lo espiritual, lo que nos revelará una realidad mucho mayor y más relevante de lo que podemos imaginar en este mundo. Esto es debido a que nuestra realidad actual está formada en esta dimensión limitada, la cual se establece por el temor a la muerte.

Su ejecución y resurrección corporal fue la última acción física necesaria para abrir nuestros ojos y oídos espirituales y liberarnos de esta dimensión del tiempo y el espacio. Ésta debe ser nuestra realidad consciente las 24 horas del día si deseamos liberarnos de las arenas movedizas de la duda y la incredulidad.

Nuestra pre-programación y acondicionamiento para confiar en el mundo externo es aprendido, lo cual significa que también puede ser desaprendido. La misma fe que utilizas para creer lo externo, puede usarse internamente para abrir tus ojos y oídos a Su Reino.

Fuiste creado entero y completo con la autoridad

total para crear lo que necesitas físicamente desde tu espíritu.

Una vez que descubras la realidad de ti mismo como espíritu, tu atención al momento presente aumentará y finalmente abrirá una puerta a lo sobrenatural.

La decisión es tuya; ¡pues siempre lo ha sido!

LA
CIENCIA
Y LA
TORRE DE BABILONIA

La ciencia y la religión se han opuesto con vehemencia a las ideas de una y de la otra a lo largo de la historia, pero ninguna con más violencia que la de la creación. La ciencia se puso del lado de Charles Darwin y su libro "La descendencia del hombre", publicado en 1871, que describe la relación del hombre con los primates, aunque Darwin no llegó a declarar que el hombre evolucionó de los simios. Eso lo dejó en manos de los científicos del siglo XX, quienes utilizaron sus descubrimientos sobre el ADN como prueba de que toda la vida, incluyendo el hombre, es producto de la evolución.

La falsa creencia de que la genética determina nuestro futuro se enseña en todos los sistemas educativos del mundo. Esa creencia facilita que el hombre confíe más en la ciencia que en Dios. Al fin y al cabo, si somos víctimas de nuestros genes, parecería lógico que la ciencia tuviese las soluciones para nuestras condiciones de impotencia.

Así pues, la ciencia y todas sus ramas, incluyendo la medicina, se han establecido como el dios de este universo y exigen que todas las naciones y pueblos se sometan a su sabiduría y conocimiento.

Estamos presenciando la resurrección de Nabucodonosor en la forma de la ciencia requiriendo que se sometan a su sabiduría. Esta coronación ha erigido a la "ciencia" como la nueva torre de Babilonia para que toda la creación le sirva.

Desde el inicio de esta década, hemos sido testigos de personas en todos los continentes escondiéndose como animales de un enemigo percibido llamado COVID. Además, cualquiera que cuestione la autoridad o los métodos de la ciencia y los gobiernos han sido etiquetados como una amenaza para la sociedad y avergonzados en el silencio y la sumisión.

Los que creen en este sistema se ven obligados a aprender el lenguaje y la sabiduría de Babilonia para vivir en su falso sentido de seguridad y protección. Babel transmite los mensajes de temor en los corazones y en las mentes de aquellos que han jurado lealtad a la ciencia como su dios.

La transmisión más reciente se llama COVID 19, y refuerza la narrativa del mundo que los humanos son víctimas indefensas nacidas en un ambiente hostil que erradicará su especie, a menos que la ciencia moderna produzca las curas en forma de productos farmacéuticos y vacunas.

El mensaje oculto es que la única esperanza para la humanidad es que la ciencia y la medicina encuentren la solución a todos los males del mundo. Esta imagen aterradora del temor no solo ha logrado controlar la narrativa, sino también ha lavado el cerebro de sus habitantes.

La profesión médica es la voz más poderosa sobre el planeta, lo que se demuestra al observar cómo han asustado a la población para que crea que la creación de Dios no es rival para los gérmenes invisibles, los virus o las enfermedades.

Sin embargo, no pueden ni quieren producir una vacuna para la plaga llamada "el temor a la muerte", porque es la piedra angular del mundo. Pero lo que sí hacen es inocularte contra la gripe, para que te sientas lo suficientemente bien para que le vuelvas a temer a la muerte. ¿Estás empezando a ver la total insensatez de este sistema mundial?

Me recuerda a las películas de "ciencia ficción" en las que los marcianos llegan para destruir la tierra y la única solución para salvarla es recurrir a las fuerzas combinadas del ejército y la ciencia para luchar contra los extraterrestres invasores.

Nota que el género de esta clase de películas se llama "ciencia ficción" **porque toda la ciencia que**

se promueve como nuestra salvación es ficción.

Esta década será como ninguna otra por varias razones, pero quizá ninguna más importante que el hecho de que los gobiernos aprendan a controlar a las poblaciones sin iniciar una guerra mundial, ni disparar un solo tiro. Desde las guerras mundiales, la voz del temor no ha estado tan unida para motivar a miles de millones de personas a esconderse de un enemigo que no fuera un país como Alemania o Rusia.

La ciencia está en completo control de las masas que corren como ovejas al matadero con poco más que la proclamación de los médicos de que resultar "positivo" a un virus es una sentencia de muerte.

Esta hora es única por varias razones, pero ninguna más profunda que el número de personas que profesan confiar en Jesús, pero creen en el mensaje del temor por encima de la salvación de Dios. Esto sin duda nos recuerda las escrituras que describen a Dios separando el trigo de la cizaña.

A. GÉRMENES Y VIRUS

La creencia central en la tierra hoy en día de que los gérmenes y los virus son letales, y que somos víctimas indefensas comenzó a partir de las falsas interpretaciones de Louis Pasteur. Esta mentira, incluso cuando se demostró que era errónea, creó el dogma cuyo objetivo es controlar a la población mundial con el temor y los productos farmacéuticos.

Esta década ha proporcionado tanto la tecnología como las plataformas para hacer llegar eficazmente sus mensajes de miedo y muerte. Hoy en día, los gobiernos pueden transmitir datos de forma instantánea a través de las diversas plataformas de Facebook, Twitter y los medios de comunicación por cable.

Las voces y las imágenes de la muerte en todo el mundo están encubiertas en la paz y la seguridad y entregadas por nuestros médicos "de confianza" para enfatizar el horror del que se les ha encomendado salvarnos.

Hoy vemos grandes ciudades cerradas, incluidas las iglesias, a pesar de que las investigaciones demuestran que llevar una máscara y esconderse de un germen es inútil. Según Wikipedia, en abril de 2020, la mitad de la población mundial estaba encerrada, con más de 3.900 millones de personas en más de 90 países o territorios a los que sus gobiernos habían pedido u ordenado que se quedaran en casa.

El resultado fue el que esperaban las oligarquías de las grandes empresas tecnológicas, los fabricantes de productos farmacéuticos y los gobiernos. Desde Nimrod y la torre de Babel, los pueblos del planeta no han estado tan unidos en su creencia de que el hombre es su salvador.

La torre original fue destruida, y sus lenguas confundidas porque el hombre se unió en el corazón y la mente. El hombre exaltándose a sí mismo por encima de su Creador, se repite una y otra vez a lo largo de la historia.

En la escritura a continuación encontramos la palabra "imaginaba", que significa imagen y se utiliza para describir la maldad del hombre.

*El Señor vio la magnitud de la maldad humana en la tierra y que todo lo que la gente **imaginaba o pensaba** era siempre y totalmente malo.*

Génesis 6:5 (NTV)

Noten en este verso que Dios se involucró porque el corazón y la mente del hombre eran uno. **Si nuestro corazón y nuestra mente se unen, nuestro lenguaje también lo será** y ese lenguaje siempre será el de la fe.

Sin embargo, la confusión mental y física siempre será el resultado de aquellos que intentan vivir su vida sin reconocer a Cristo como Señor. Además, su corazón y su mente también estarán fragmentados y separados.

Antes de la resurrección, los pensamientos y deseos del hombre eran controlados por satanás que gobernaba desde el segundo cielo. Dios protegió el linaje de su Hijo después del diluvio a través de toda la Biblia. Los eventos de la Torre de Babel fueron un ejemplo.

¿Creo que Dios va a destruir la tierra? Absolutamente no. Pero tal vez entiendes por qué la mayoría de las doctrinas de las iglesias no comprenden lo que Cristo logró en su resurrección. ¿Por qué? Porque un sin número de "profetas modernos" están usando los eventos actuales como prueba de que el mundo está a punto de ser destruido.

Debes saber que Su resurrección destruyó a satanás y le quitó su autoridad del segundo cielo, pero si no crees eso entonces tu vida no será diferente a la de aquellos que vivieron en el Antiguo Pacto.

Los acontecimientos en el mundo hoy en día son para ayudarnos a cambiar nuestro enfoque y percepciones de esta dimensión material limitada a Su Reino sobrenatural ilimitado. La situación actual en el planeta es necesaria por varias razones, pero la más importante es que ocurre para recordarnos de nuestro origen y nuestra naturaleza.

Estamos en el mundo mas no debemos ser de él. Los israelitas salieron de Egipto, pero la razón por la que todos a excepción de dos murieron en el desierto, es porque los sistemas de creencias de Egipto permanecieron dentro de ellos.

No hay vuelta a Egipto, ni a nada relacionado con este sistema mundial. No hay compromiso con un sistema cuyo propósito es destruirte. Te das cuenta de ello, ¿o no?

Esto se refiere a la creencia que los gobiernos "de este mundo" son de alguna manera escogidos por Dios para gobernar sobre el hombre. Eso no quiere decir que no haya gente buena t de Dios en el gobierno. Conocemos a muchos creyentes que están siendo usados por Dios dentro de los gobiernos, pero ellos serían los primeros en decirte que Dios es la autoridad, y no el gobierno.

Sin embargo, mucha gente confunde el Reino de Dios con la política de este mundo. Esa creencia es errónea y te condena a vivir en el antiguo pacto. Se nos ha dado el poder y las instrucciones para ingresar a Su Reino ahora.

> *"Mi reino no es de este mundo", contestó Jesús. "Si lo fuera, mis propios siervos pelearían para impedir que los judíos me arrestaran. Pero mi reino no es de este mundo."*
>
> **Juan 18:36 (CST)**

La carta de Pablo a los Romanos donde nos exhorta a orar por nuestros gobiernos no tiene nada que ver con nuestra posición en Cristo. Por lo tanto, no la utilices para validar la oración por políticos como la respuesta a las soluciones para este mundo. Las personas que lo hacen no conocen su verdadero origen ni han conocido al Cristo resucitado.

¿Creo que Dios usará todas las cosas y personas para llamar nuestra atención? Absolutamente, pero este mundo y su sistema no son la prioridad de Dios, y tampoco debería ser la tuya. Somos guiados por su Espíritu y su Liderazgo, no por un partido político o un gobierno.

B. LA MENTIRA QUE PERPETÚA LA MEDICINA

Si crees que Dios creó al hombre para administrar la tierra, entonces es imposible creer que el planeta pueda producir un virus que destruya a la creación de Dios. Sin embargo, hay miles y miles de personas que creen que Dios es todopoderoso y que están esperando desesperadamente una vacuna que les salve.

Una y otra vez, hemos recalcado que nada del exterior o del ambiente externo es más poderoso que lo que Cristo colocó en tu espíritu al resucitar.

Sin embargo, cuanta más información tengas, mejor equipado estarás en la batalla por permanecer siempre presente y consciente de Su resurrección.

La creencia fundamental en la tierra hoy en día sobre los gérmenes y los virus comenzó a partir de las falsas interpretaciones del estudio de Louis Pasteur, que declaró que son letales, y que somos víctimas indefensas.

Ahora permítanme exponerles un enfoque diferente. Ethel Douglas Hume escribió en su libro "¿Béchamp o Pasteur? Un capítulo perdido en la historia de la biología":

> *El paradigma moderno de la medicina se basa sobre todo en la teoría de los gérmenes, según la cual los microbios invaden nuestro cuerpo y causan enfermedades. Un proceso que supuestamente crea la necesidad de una guerra contra los microbios para eliminarlos a todos y vencer todas las enfermedades. El temor es la motivación para crear las armas de los antibióticos, los antivirales y las vacunas que responden a este concepto, pero nuestra población moderna está más enferma que nunca.*

¿Están estas armas creando enfermedades crónicas debilitantes a cambio de enfermedades agudas consideradas infecciosa, que la mayoría consigue superar con una resistencia renovada a los temidos microbios patógenos a los que se culpa de todas las enfermedades? ¿Estamos realmente destruyendo nuestros sistemas inmunológicos con nuestra guerra contra los microbios?

Desde que Pasteur se hizo famoso como padre de la teoría de los gérmenes, nuestra salud general ha disminuido, incluso cuando la duración de la vida ha aumentado. Pero durante el dominio mediático de Pasteur a finales del siglo XIX y principios del XX, y desde entonces hasta ahora, han sido muchos los científicos que han denunciado el modelo de enfermedad de Pasteur, aportando incluso pruebas de que era un plagiario y un fraude[8].

Pasteur convenció a la comunidad médica de que todos los gérmenes se formaban por la "magia" de la generación espontánea. Creía que la materia viva podía crearse espontáneamente a partir de la materia no viva.

Más tarde modificó su creencia debido a los trabajos de un científico alemán llamado Béchamp, cuyos experimentos sobre la fermentación demostraron que la muerte y la enfermedad no son el resultado de gérmenes externos que invaden un huésped sano.

Continuó demostrando que toda la materia orgánica se descompone y se une a otra materia orgánica

8 Béchamp or Pasteur? A Lost Chapter in the History of Biology", por Ethel Douglas Hume, publicado en 1923

en las etapas de "muerte". **En otras palabras, los seres humanos cuyo sistema inmunológico está comprometido y no es saludable atraen hacia ellos la descomposición.**

El remedio es la nutrición adecuada y la eliminación del estrés, no las vacunas ni los medicamentos, como la industria médica y farmacéutica nos quieren hacer creer.

La Enciclopedia Británica dice en la entrada sobre bacteriología:

> "La idea común de las bacterias en la mente de la mayoría de la gente es la de un azote oculto y siniestro al acecho de la humanidad. Este concepto popular nace del hecho de que la atención se centró por primera vez en las bacterias a través del descubrimiento, hace unos 70 años, de la relación de las bacterias con la enfermedad en el hombre. En sus inicios el estudio de la bacteriología era una rama de la ciencia médica. Son relativamente pocos los que asignan a las bacterias el importante lugar que ocupan en el mundo de los seres vivos. Esto es debido a que sólo algunas de las bacterias conocidas hoy en día se han desarrollado de tal manera que puedan vivir en el cuerpo humano. Por cada una de ellas, hay decenas de otras que son perfectamente inofensivas y que, lejos de ser consideradas como enemigos del hombre, deben contarse entre sus mejores amigos.
>
> De hecho, no se exagera al decir que la existencia del mismo hombre depende de

la actividad de las bacterias; de hecho, sin bacterias no podría haber ningún otro ser vivo en el mundo, ya que todos los animales y plantas deben su existencia a la fertilidad del suelo y ésta, a su vez, depende de la actividad de los microorganismos que habitan en el suelo en un número casi inconcebible."

Por lo tanto, las bacterias que se encuentran en el hombre y en los animales no causan enfermedades, sino que tienen un propósito mucho mayor de lo que se ha hecho creer al mundo.

Tienen la misma función que las que se encuentran en el suelo, o en las aguas residuales, o en cualquier otro lugar de la naturaleza; están ahí para reconstruir los tejidos muertos o enfermos, o reelaborar los desechos del cuerpo, y es bien conocido que no atacan o no pueden atacar los tejidos sanos.

Además, sin las bacterias y los hongos nuestro planeta estaría repleto de materia orgánica muerta, incluidos los cadáveres humanos.

La adopción de las teorías y doctrinas erróneas de Pasteur sobre los gérmenes o bacterias ha reforzado el dominio de la ciencia sobre las poblaciones y ha fomentado la creencia de que el hombre es una víctima de su entorno.

Además, la fobia a los gérmenes que creó, llevó a los países a adoptar la pasteurización, la cual es responsable de eliminar las bacterias que nuestro cuerpo necesita para reproducir órganos y células sanas.

Su teoría es una de las primeras mentiras de la moderna torre de Babel. Este edificio que exalta al hombre como dios está construido sobre los cimientos de la ciencia, que cree que toda la vida es un accidente de la evolución.

El orgullo no permite al hombre admitir que un ser mayor que él mismo creó y sostiene al hombre. Dios requiere fe para la comunicación y la confianza. El hombre prefiere creer en sus sentidos e instrumentos que siempre validan sus creencias porque están formados dentro de esta dimensión.

El inicio de esta década será recordado por muchas "primicias" pero, tal vez, nada más significativo que la constatación que los mensajes de la "Iglesia" contemporánea son impotentes ante el temor a la muerte. La razón es que no creen que Cristo destruyó la muerte en la resurrección, aunque sí lo predican.

Después de saber que Jesús restauró el reino invisible de Dios a este planeta tu atención cambiará inmediatamente su enfoque de lo material a lo espiritual. La vida de nadie cambiará en este mundo hasta que no experimenten al Cristo resucitado.

Dios siempre ha supervisado y protegido sus creaciones, y nada lo cambiará debido a lo que hizo a través de Jesús. Esa realidad debe estar por delante en la manera en que percibimos nuestro entorno físico.

Él está dentro de cada uno de nosotros con el recordatorio constante de que está uniendo Su creación a Él en el momento presente. Si tu mente se aleja de esa posición, detente y vuelve a reconectarte. No te culpes.

Con el tiempo, el período latente entre el momento en que te desconectas y el momento en que te mantienes presente se reducirá, y lo que es más importante, tu fascinación por este reino desaparecerá.

CONCLUSIÓN

YA LO SABÍAS PERO
AHORA LO CREES

Hemos llegado a la parte del libro en la que quiero reiterar algunas cosas que te proporcionarán las claves para cambiar tu condición física y espiritual. Este no es el final del libro, sino más bien el final de un trampolín.

Dependerá de ti sumergirte en las profundidades de Su misericordia y de Su gracia.

Ya sabes que eres más espíritu que carne, lo cual significa que el mundo natural no es tu fuente. Esta es la guerra que Jesús ganó, pero que cada día debemos luchar contra el programa dentro de nuestra mente que nos dice lo contrario.

Nuestro diseño espiritual de comunicación es un solo corazón y una sola mente, cuya señal es la fe. Nuestro Padre siempre está enviando y recibiendo esa longitud de onda a todos los que están en Él desde antes de la fundación del mundo.

La clave principal para esa batalla es permanecer consciente de cada momento y pensamiento mientras pasa ante nosotros como el viento en una tormenta. Cuanto más conscientes permanezcamos, mayor será el campo electromagnético que construyamos alrededor de nuestros cuerpos físicos que atraerá el amor de Dios.

El modo en que pensamos y nos sentimos produce el campo electromagnético que rodea nuestro cuerpo natural.

Cuando demostramos emociones de amor, agradecimiento y alegría, el campo magnético alrededor de nuestro cuerpo puede expandirse hasta nueve metros de circunferencia. Esto es significativo porque estamos emitiendo y recibiendo frecuencias fuera del tiempo y el espacio.

Cuando pensamos y sentimos el amor, la energía que recibimos de Dios será mayor que la señal que enviamos. ¿Por qué?

¿Recuerdas la imagen de la unicidad en la naturaleza llamada "patrón emergente"? La Cabeza es Cristo y Él le está hablando a Su creación. Él nos envía la plenitud en la forma de amor, pero a menos que nuestros pensamientos y sentimientos sean uno, seremos incapaces de recibir esa frecuencia.

La mayoría de las personas desean la felicidad y la libertad, pero viven con resentimiento, amargura, ira, rechazo, hostilidad, falta de perdón y carencia. Eso es una mente y un corazón en oposición y separación, que no lograra recibir Su amor.

Nuestra preocupación por nuestra identidad personal proviene de los sentimientos de separación, que se producen cuando nuestra atención abandona el momento presente para centrarse en nuestro entorno externo.

Tal vez, aún te sientas impotente para cambiar tu condición. Aquí tienes algunas cosas que puedes hacer de inmediato para cambiar.

En primer lugar, deja de creer la mentira de que somos víctimas de nuestro entorno y que debemos depender del mundo exterior para obtener nuestros recursos. Este es uno de los mensajes que se programa en tu subconsciente al nacer junto con la creencia de que para prosperar o ser feliz uno debe depender de sus sentidos.

El único evento físico que ocurrió en nuestro mundo externo que cambio la historia de la humanidad de por vida, fue la resurrección de Cristo. ¡PUNTO!

Todos los demás eventos desde ese momento en adelante o en el futuro es el llamado de Dios para despertar a los que están en Él desde antes de la fundación del mundo.

En segundo lugar, y lo más importante es que no se le puede temer a la muerte porque esa es la creencia que hace que la raza humana sea egoísta y tenga temor. En otras palabras, mientras uno cree que es mortal se quedará al pie de la cruz esperando que Jesús regrese.

El temor a la muerte produce un estrés que eleva la ansiedad a niveles que destruyen los órganos y las células porque toda nuestra atención está puesta en nuestro cuerpo, el entorno y el tiempo. Además, el estrés es la razón número uno por la que la gente busca médicos para problemas físicos, lo cual puedes cambiar prestando atención al "ahora".

Jesús proveyó todo lo que podríamos llegar a necesitar en Su resurrección y lo llamó Su Reino. De hecho, Él dijo que era el elemento más importante en la vida para la prosperidad y la paz.

Así que no se preocupen, preguntándose: "¿Qué vamos a comer?" o "¿Qué vamos a beber?" o "¿Con qué vamos a vestirnos?" Todas estas cosas son las que preocupan a los paganos,

pero ustedes tienen un Padre celestial que ya sabe que las necesitan. ***Por lo tanto, pongan toda su atención en el reino de los cielos*** *y en hacer lo que es justo ante Dios, y recibirán también todas estas cosas.*

Mateo 6:31-33

Nuestra programación inconsciente, que funciona el 90% del tiempo, es mayormente negativa. Y ese programa nos ha convertido en profetas autocumplidores de nuestros fracasos. Entonces, ¿cómo detenemos el autosabotaje? La forma más eficaz de detener el programa inconsciente es **prestándole atención a tus pensamientos.**

Cuando no te aíslas y te separas pensando lo que no tienes, el Espíritu Santo te recordará lo que te ha sido dado. Esto es muy importante que lo captes.

Cuando permaneces en el momento presente, tu cuerpo experimenta plenitud porque sientes gratitud y agradecimiento al hacerlo, tu cuerpo se inunda de hormonas de oxitocina, dopamina, serotonina y endorfinas que reforzarán la plenitud y la salud del cuerpo. Esto producirá que los sentimientos de preocupación y estrés se desvanezcan.

La mejor manera de realizarlo es concentrándose en la respiración. Nota que tu mente divaga en relación con tú respiración. Las personas que respiran de forma rápida o irregular lo hacen mientras pasan de un pensamiento a otro.

Cuando seas consciente de ello, observa tus pensamientos y respira profundamente. Continúa con este proceso hasta que sientas que la paz que sobrepasa todo entendimiento inunda tu cuerpo y tu cerebro. Ahora, sigue observando tus pensamientos y rehúsa abandonar ese momento.

La incredulidad crea un caos que nos lleva al desorden y a nuestra incapacidad para concentrarnos. Puedes pensar que eres creyente, pero si tu atención se centra más en lo material que en lo espiritual es porque todavía luchas con el miedo. La dimensión material es un caos porque el hombre no está en armonía con Dios. No podrás cambiar tu manera de pensar hasta que "veas" el Reino de Dios.

Para estas alturas, la imagen debería ser muy clara para ti. Somos más espíritu que materia, pero nuestra programación subconsciente y el temor nos han hecho creer lo contrario. Ahora ya sabes que no es así. ¿Y qué vas a hacer?

Estamos viviendo en los tiempos más emocionantes de todas las generaciones porque la elección se ha hecho muy clara. Creer las mentiras de este mundo o luchar por experimentar conscientemente a Dios en el eterno momento presente.

Dios nos brinda su amor eterno en cada momento, pero a menos que nos tomemos tiempo para observar y celebrar ese regalo, estaremos esperando por algo externo para cambiar nuestra condición espiritual.

Tal vez, lo más importante que puedes hacer es comenzar a agradecer a Dios por cada momento increíble. Nunca habrá otro más precioso que el que experimentas en este segundo.

Son pedazos de la eternidad envueltos como un regalo para ti. ¿Puedes sentir lo extraordinario que es ese regalo? No hay seguridad de que haya otro. Por ello, es preciso celebrar cada segundo con tu atención. Cuando veas esto como algo más precioso que todo el oro o la plata del planeta, ¡tu vida habrá cambiado!

La generación de resurrección no es una raza futura de personas que heredarán la tierra. Sino que somos esa generación cada vez que entramos en su eterno momento presente que se manifestó en el día que destruyó la muerte.

La resurrección es la victoria y la autoridad sobre la muerte que ha formado y controla este mundo.

Cristo es la única la vacuna que el mundo entero necesita para transformar su manera de pensar.

Te dije desde el principio que ya sabías lo que está escrito aquí desde antes de la fundación del mundo, mas ahora ya lo recuerdas.

¡Despierta!

¡La vida comienza!

LA
GENERACIÓN DE
RESURRECCIÓN

L. Emerson Ferrell

Si este libro le gustó,
le recomendamos estos libros electrónicos

La Generación de
Resurrección

El Último Adán

El Gran Engaño

Antes de La Fundación
del Mundo

*Disponibles en Amazon, iTunes y en la pagina web
Voz de la Luz.*

www.vozdelaluz.com

Si este libro le gustó, le recomendamos también

Antes de La Fundación del Mundo

Esta impactante revelación le conectará con la sabiduría y con las riquezas que le fueron impartidas en su espíritu antes de que fuese carne y sangre. Este libro será la herramienta que Dios utilizará para despertar su espíritu a la realidad de la perspectiva que se tiene al estar sentado al lado de Cristo en lugares celestiales.

La clave del libro de Apocalipsis y de toda la Profecía Bíblica se encuentra dentro de la *revelación de Jesucristo*. Aquellos que tienen el valor de emprender este camino, descubrirán que lo único que le impide acceder los misterios de las verdades escondidas de Dios, es usted mismo. Este libro será una de las lecturas más importantes para las próximas generaciones. No se pierda esta intervención divina con la realidad de lo que presenció *antes de la fundación del mundo*.

Encuentra este libro disponible en Amazon, y nuestros Distribuidores autorizados en las Naciones.

www.vozdelaluz.com

Si este libro le gustó, le recomendamos también

El Gran Engaño

No hay nada más importante que la crucifixión y resurrección de Cristo. Es lo que define al Cristianismo por encima de toda religión en el mundo. Este libro expone a la luz, el engaño de hechicería más grande infiltrado en La Iglesia, mezclando la verdad con la mentira. No hay duda que que Cristo Resucitó, pero el torcer el hecho de que Él estuvo en el corazón de la Tierra 3 días y 3 noches, celebrando el "Viernes santo" y el "Domingo de resurrección", nos roba la exactitud de los tiempos y el poder de toda palabra profética escrita sobe Cristo como nuestro Mesías.

Cuando nuestra consciencia compromete la Verdad adaptándose a las tradiciones, rompe el muro de protección que la guarda del engaño. Este no es un libro más, es el arma más poderosa para descubrir la escencia de toda palabra prófetica en la Biblia, y desmantelar toda mentira para vivir en Su Verdad. Tendras la llave de los misterios de Dios escondidos por generaciones.

Encuentra este libro disponible en Amazon, y nuestros Distribuidores autorizados en las Naciones.

www.vozdelaluz.com

Si este libro le gustó, le recomendamos también

El Último Adán

¡Prepárate, porque el velo que tenía escondidas tu verdadera naturaleza e identidad está por rasgarse para siempre! El evangelio predicado por el Último Adán es el poder para tu transformación. Este no es un libro de "cómo hacer" para mejorar tu condición actual. ¡Es la llave para descubrir y desatar lo que ya conocías antes que el mundo fuese! ¿Quieres reclamar lo que Adán perdió?

El Ultimo Adán no sólo resucitó de entre los muertos sino que también venció el temor a la muerte. Si tienes miedo de algo es que aún no te ha sido revelada la verdad sobre tu auténtica identidad. Hoy cuando oigas Su voz, da ese primer paso para vencer al temor para siempre. Esto es la que nos dio el Último Adán, ahora la elección de hacerlo tuyo te toca a ti. ¡Arrebátalo!

Encuentra este libro disponible en Amazon, y nuestros Distribuidores autorizados en las Naciones.

www.vozdelaluz.com

Les Invitamos a ver los Entrenamientos Proféticos

www.vozdelaluz.com

Veanos en **Frecuencias de Gloria TV** y **YouTube**
Síguenos en **Facebook**, **Instagram** y **Twitter**

www.frecuenciasdegloriatv.com
www.youtube.com/user/vozdelaluz

https://m.facebook.com/AnaMendezFerrellPaginaOficial
www.instagram.com/emerson.ferrell/
www.twitter.com/MendezFerrell

Contactenos en

Ministerio Voz De La Luz
P.O. Box 3418
Ponte Vedra, FL. 32004
USA
904-834-2447

www.vozdelaluz.com